U0676105

中外巨人传

车尔尼雪夫斯基

冷 冰 著

辽海出版社

图书在版编目（CIP）数据

车尔尼雪夫斯基 / 冷冰 著. —沈阳：辽海出版社，2011.12
（中外巨人传）
ISBN 978-7-5451-1178-1

Ⅰ. ①车… Ⅱ. ①冷… Ⅲ. ①车尔尼雪夫斯基（1828～1889）—传记
Ⅳ. ①B512.44

中国版本图书馆 CIP 数据核字（2011）第 224379 号

责任编辑：柳海松
责任校对：顾　季
装帧设计：马寄萍

出 版 者：辽海出版社
　　　地　　址：沈阳市和平区十一纬路 25 号
　　　邮　　编：110003
　　　电　　话：024-23284473
　　　E-mail:dyh550912@163.com
印 刷 者：天津海德伟业印务有限公司
发 行 者：辽海出版社

幅面尺寸：165mm×230mm
印　　张：14
字　　数：154 千字

出版时间：2012 年 5 月第 1 版
印刷时间：2019 年 1 月第 4 次印刷
定　　价：29.80 元

版权所有　翻印必究

·目 录·

前　言

熟悉 19 世纪俄罗斯文学史的人，一定知道著名的长篇小说《怎么办?》。它的作者是尼古拉·加夫里洛维奇·车尔尼雪夫斯基。这位被普列汉诺夫誉为"俄国文学中的普罗米修斯"的 19 世纪 60 年代革命运动的思想领袖，在被囚禁于彼得堡要塞时极端恶劣的条件下，继续以笔为武器，以小说的形式宣传自己的革命思想，完成了这部不朽的巨著。

从 1862 年 12 月 14 日至 1863 年 4 月 4 日，车尔尼雪夫斯基倾注了自己全部的心血，仅用了不到 4 个月的时间，就完成了整部书稿。它是这位革命家、思想家、革命民主主义者政治思想、经济思想、哲学思想和美学思想的艺术升华。

19 世纪五六十年代的俄国，农奴制的存与废变成一切社会问题的焦点。围绕这一问题，俄国出现了两种力量和倾向：保守的贵族自由派希望"自上而下"废除旧制度，而以车尔尼雪夫斯基为代表的革命民主主义者则号召农民"自下而上"行动起来，通过斗争去彻底推翻旧制度。1861 年一系列有关农奴制"改革"的骗局暴露后，车尔尼雪夫斯基立刻行动，不但在《现代人》杂

志上宣传革命思想，还撰写《告领地农民书》等秘密传单，揭露"2月19日法令"的欺骗实质，号召农民准备革命。

广大农民用不断的暴动来回应骗局，平民知识分子也以游行示威来支持农民。不过这些革命活动很快就被镇压了。1862年下半年，反动派重新巩固了自己的统治，自由派也转向拥护沙皇，而中间分子则纷纷脱离革命。严峻的斗争形势，让俄国革命也面临着"怎么办?"地紧迫选择。

正当人们茫然失措，不知如何行动的时候，在彼得堡要塞一间阴暗的囚室里，车尔尼雪夫斯基以《怎么办?》向人们作出了革命的指引，回答了这一问题。

小说蕴藏的深刻社会理想，如解放劳动者、确立新型的劳动关系、为人民服务、解放妇女、男女平等使得《怎么办?》在当时产生的影响是难以估计的，此前俄罗斯文学史上还没有哪部作品受到如此关注。

这部让人着迷的小说，强烈地影响着19世纪60年代人的信仰和观念，使他们坚定不移的要把小说里提出的原则付诸实施。著名的民主主义批评家皮沙列夫评价说："小说的创造性的纲领，使它成了年轻一代的旗帜"。《怎么办?》不但成了19世纪60年代俄国青年"生活的教科书"，而且也成为"代代相传的书"。

这位革命思想的领袖，在他的这部杰作里塑造了俄国19世纪五六十年代斗争中一批光彩照人的平民知识分子的形象。著名画家列宾回忆道："《怎么办?》中的拉赫美托夫和巴扎洛夫在大学生中很受欢迎，是他们仿效的楷模。"普列汉诺夫也认为，"在每一个出色的俄国革命家身上，都有过许多拉赫美托夫气质。"

　　由于小说采用第一人称的叙述形式，以及作品将现实生活与理想世界水乳交融地交织在一起，每一个读过《怎么办?》的人，都不禁会产生疑问：小说与现实的关系如何? 拉赫美托夫是否就是作者车尔尼雪夫斯基本人?

　　这部传记，即在占有大量真实史料基础上，力求再现那个如火如荼的年代，帮您寻觅《怎么办?》作者车尔尼雪夫斯基的伟大而不凡的足迹，向您详细展示一个真实的车尔尼雪夫斯基。

一、童年和中学时代

1. 平凡的家世

1862 年 7 月 7 日。中午，沙皇囚禁政治犯的彼得堡要塞沉重的大门缓缓地打开了，一队荷枪实弹的宪兵从大门中列队跑步出来，长官用嘶哑的声音命令他们沿着门边站成两列。不一会儿，一辆黑色的囚车在另一队宪兵的保护下疾驰而入。如此兴师动众押送的犯人绝非无名小辈，他就是尼古拉·加夫里洛维奇·车尔尼雪夫斯基——俄国十九世纪 60 年代革命者的精神领袖、当时的进步杂志《现代人》的主编。

由于车尔尼雪夫斯基积极的宣传革命思想，号召人民自己解放自己，沙皇和他的仆从早已把这位俄国伟大的革命民主主义者、哲学家、文学批评家、作家视为敌人。他们蓄谋已久，急于找借口迫害他，以便阻止他的革命宣传活动。然而，即使在彼得堡要塞等候审判的日子，这位伟大的革命家也没有放下武器，除了完成著名的长篇小说《怎么办?》之外，他还写了约两百多印张的其他作品，其中包括中篇小说、短篇小说、回忆录……

他甚至还想写一部内容丰富的自传，但是由于种种原因只完

成了很少的一部分。不过，他对自传的认识倒是颇有趣的——他把自传比作写历史，认为要从神话传说写起，逐渐由虚到实，再现丰富的现实生活。他想再现祖先们的生活环境、思想观点和生活方式，以便读者全面了解那个时代。

但是这一想法是不可能实现的，即使天才的作家也无法完成——因为写作素材实在太匮乏了——他的家族不是什么显赫名门，生活贫穷而单调的祖辈始终默默无闻。家族中，除了先辈出了几位助祭和教士外，余者都是普通农民。家谱也是一片模糊，仅可以追溯到车尔尼雪夫斯基出生前半个世纪以内的情况：

车尔尼雪夫斯基的父亲加甫利尔·伊凡诺维奇身世很不幸，他于1793年出生于平扎省钦巴尔县车尔尼雪夫村，出生不久就没了父亲，寡母亲无力养活和教育他，就领着他叩开了唐波夫市的大主教的门，跪着请大主教帮忙。大主教非常同情这个穿着破树皮鞋的小孩，动了恻隐之心，用"官费"资助他就读教会学校。

没想到这个小孩居然聪明伶俐，是块学习的料。1803年，加甫利尔以优良的成绩从教会学校毕业，又转到平扎正教中学。就是那时他用了所住村庄的地名"车尔尼雪夫"做了自己的姓氏。中学毕业时，因他品学兼优，得以留校任教希腊语，接着又当上了母校的图书管理员和诗歌班的教员。

机会时常青睐那些从不曾存有奢望却真正才华出众的人。加甫利尔·伊凡诺维奇做了几年教员之后，26岁时，一个天大的幸运降临到他的头上，将他自以为要毕生从事的教师事业画上了句号。

1818年，萨拉托夫市的谢尔吉耶夫斯基教堂的大祭司戈卢别夫去世了，时任萨拉托夫省省长的潘丘利捷夫让平扎省的大主教

派人接任大祭司的职务，对继任者的要求有两条：一是要在中学毕业生中遴选的"优等生"；二是必需娶已故大祭司的女儿为妻。时刻不忘自己利益的省长还提了一个特别的条件——这个人要学识渊博、受人尊敬，但家境不能富裕——他想让继任者同时教他的孩子们。综合各种条件，最后大主教推荐了才华出众、引人瞩目的加·伊·车尔尼雪夫斯基。

这位原本卑微的平扎中学的教师，竟出人意料地一下子成了一位神甫，同时，他也成了戈卢别娃家庭的一员，这个家庭是由好用权势冷酷无情的戈卢别夫遗孀来掌管。

和叶甫盖尼娅·叶戈罗芙娜·戈卢别娃结婚后不久，加甫利尔·伊凡诺维奇便成了谢尔吉耶夫教堂的神甫。作为戈卢别娃的嫁妆，他还得到了一栋房子和一大片从谢尔吉耶夫大街一直延伸到伏尔加河边的地产。

戈卢别娃通过出嫁大女儿叶甫盖尼娅，使其家族继续"占有"着谢尔吉耶夫教堂的控制权。不久，又为了"日常生活"的需要急于攀上一个贵族家庭，嫁出了小女儿亚历山德拉。她这样做，是想把农奴转到女儿的名下。因为戈卢别夫家原有许多奴仆，都是老头子生前以其他贵族的名义买的，只有和贵族攀上亲戚，才能实现这一想法。经过一番考虑，戈卢别娃把二女儿嫁给了一个贵族出身的人。可惜二女婿年轻短命，亚历山德拉·叶戈罗芙娜不久就守了寡。女儿的第一个丈夫去世后，老太太又把年仅二十岁、带着三个孩子的亚历山德拉嫁给了另一个贵族贝平。起初，这两家住在一套房子里。后来随着人口的增多，虽然贝平搬到了厢房里，他们仍然住在一个院子里。姐妹两家一直相处融洽，宛如有着共同利害关系的一家人一样。

这是车尔尼雪夫斯基出生前其家世的情况。

2. 孩童的视角

1828年7月24日(俄历12日)早晨9点,尼古拉·加夫里洛维奇·车尔尼雪夫斯基出生了。这时,加甫利尔·伊凡诺维奇已经成了伏尔加河畔的萨拉托夫城的大祭司、教区的监督祭司和宗教法庭的成员了。这种身份在当地已经算有社会地位了,可是他的家庭经济状况却很一般,物质生活上基本能满足,却也没多少余钱。

大人们一直很忙,尼古拉·加夫里洛维奇的父亲和姨夫贝平负责贵族选举工作,一人每年还要抄写1500到2000份"公文"。尽管整日从早到晚忙个不停,加甫利尔·伊凡诺维奇还是要挤出时间来教育孩子们。外甥女、儿子、以及后来成为科学院士的外甥亚历山大·贝平,都是由他来启蒙的。伊凡诺维奇充沛的精力,过人的才智都遗传给了儿子,可后来这些素质却获得另一种发展方向。

书在这个家庭里是备受重视的。尼古拉·加夫里洛维奇的父亲博览群书,知识渊博,更难得的是为了购买珍贵难得的书籍,他从不吝惜金钱。尼古拉的母亲,结束一整天筋疲力尽的操劳,到休息时也是以读书为乐事的。在这样一个大人们都很重视读书的家庭里,孩子们受到的熏陶可想而知。

性格温和而又为人矜持的父亲从不限制儿子的自由,他主张孩子们的事情要由孩子自己做主。倒是爱操心、多病的母亲对儿子却很严格。少年时代的车尔尼雪夫斯基,为了不让母亲伤心,常常约束自己。

儿时的车尔尼雪夫斯基,在熟人面前总是活泼愉快、谈笑自如的,可面对陌生人,却总是胆小、腼腆和不自然。由于先天近视，他和小朋友玩时，如果不握住对方的手，就几乎看不清对方的脸。这一缺陷除了使他举止不便，还使他经常产生紧张的感觉，使他养成孤僻的性格。他很早就显得少年老成，也与这种孤僻性格有关。

游戏是儿童的天性。即使性格孤僻、少年老成的车尔尼雪夫斯基也不例外。除了像别的孩子一样用铅笔刀剪小纸人，用泥巴捏东西之外，他还学习编织逮小鱼用的网子，但他常把网目结得大小不一，最后弄成一堆乱线团。他的天赋是不在这里的。

能初步展示车尔尼雪夫斯基天赋的，是一种叫"小亚细亚"的群体游戏。他反应机敏，心灵手快，又会挑选同伴，总能吸引大大小小的一群孩子一块儿玩。无论来玩的是奴仆的孩子，还是官吏的子弟，他都能一视同仁。

男孩大多喜爱冒险，车尔尼雪夫斯基也是如此。冬天，他最喜爱从山坡上滑雪橇。然而，只有在父母偶尔外出做客，大人们都不在家的晚上，他才能有去玩这种游戏的机会。每次去之前，经常是邻近的切斯诺科夫兄弟偷偷派奴仆的孩子瓦西卡来通知他，然后几位伙伴一起翻越围墙，去街道上会合。他们从雪橇上取下那只用来从伏尔加河提水的大桶，再把它拖到中学大街或者是更倾斜的巴布什金坡道。渐渐苍茫的夜色中，孩子们坐在雪橇上，只是任凭感觉让雪橇向着伏尔加河畔一路飞驰而下，因惊险刺激而不停地大呼小叫。

外表文静的小车尔尼雪夫斯基还喜欢看拳击。这似乎与他的性情不大相称，但他的确经常去沃尔夫大街观看业余的拳击比赛。激烈的打斗场面，经常使他瞪着发亮的双眼，兴奋地屏住呼吸，憋得脸色通红。在荒凉单调的萨拉托夫，这是除了滑雪橇之外最

能让人兴奋的事。

童年车尔尼雪夫斯基记忆里除了这些快乐的游戏，还有底层人民所过的艰辛生活。农奴制、兵役制、当局的残暴统治都给农民带来灾难。伏尔加河的两岸，经常可以见到衣衫褴褛，一贫如洗的纤夫和脚夫，他们住在简陋的房子里，受着骇人听闻的剥削。他家近旁的大街上，经常走过一队队戴着脚镣的囚徒——那些因生活无着而造反的农民，被当局残酷镇压，然后络绎不绝地发配到遥远的西伯利亚；训练中偶有差错的士兵被当众鞭打；甚至在练兵场上公开处决囚犯，也是城中司空见惯的场景；征兵机构的房前，经常有流泪悲号的母亲，她们表情绝望，因为她们将面临着和儿子25年的分离；街面上聚在一起的任何一群唱歌壮汉，只要一个年老残废的岗警一声吆喝，就把他们吓得鸦雀无声地走散了……

这些一幕幕真实的生活图景，均在他的自传体长篇小说《序幕》中有生动的再现，小说主人公伏尔庚永远忘不了那些贫困的人们："他不是在贵族社会里长大的，他记得以前粗野和贫困的社会生活。但因为幼小，他显然不清楚这些场景背后的生活的现实……"

3. 勤奋的小学生

1836年，小车尔尼雪夫斯基8岁了，父亲认为他应该比较系统地学习了。为鼓励孩子，当过教师，颇有教育才能的加甫利尔·伊凡诺维奇在给儿子准备的本子上写了诸如"劳动能战胜一切"，"正直者人人喜爱"，"只有上帝才是万物之源"等等的名句。

父亲知识渊博，能够流畅地阅读拉丁文和希腊文，又通晓数学、史学和地理；儿子则更是有天分：记性好，聪明过人，能牢固扎实地掌握学过的知识。这两方面因素的结合，使学习的效果好得惊人。一位叫拉耶夫的亲戚回忆道："车尔尼雪夫斯基在 10 岁的时候，就有着丰富的知识，就是 15 岁的中学生也很难与之相比。他 13 岁那年就能帮助我准备考大学。"

父亲布置作业，他总是能很快完成。尔后，除了到大街上去玩耍或同祖母下下棋，更多的时候是坐下来看书。车尔尼雪夫斯基对于阅读的酷爱，简直令人吃惊，不论是吃早餐、用午饭、还是同别人谈话，他总是手不释卷。除了遍读父亲的藏书，甚至艰涩的普柳沙尔的百科辞典他都翻阅过。

车尔尼雪夫斯基酷爱阅读到了废寝忘食的程度，让祖母很担忧，却让父亲很赞赏。加甫利尔·伊凡诺维奇认为，通过大量阅读，儿子已经培养出很好的翻译语感了。他不时称赞道："真令人吃惊，科利亚（尼古拉的小名）竟能用俄语把希腊人的思想转述得这么清楚流畅！"

1836 年 9 月 5 日，加甫利尔·伊凡诺维奇让车尔尼雪夫斯基上了小学。其实这不是真正的上学，仅仅是到教会学校给儿子办了注册手续，车尔尼雪夫斯基在家学习，只是到学校参加考试。

这是父亲不想让儿子受教会学校的影响而作出的努力。因为在当时的学校里，粗暴的体罚、死记硬背、浅显粗糙的教学方式，已经根深蒂固。当地的教会学校则"更胜一筹"，这所学校位于一栋肮脏的两层楼房，校长是个酒鬼，老师们更是作风粗暴、不学无术。他认为，比较明智的办法，是摆脱这种学校的影响。

由于聪明过人，记忆力好，科利亚在家，学习的效果始终不错。父亲认为，如果孩子日后从事宗教，一定会前程似锦，所以想让他考正教中学。拉丁语和希腊语是该学校的基础课程，加甫

利尔·伊凡诺维奇特别认真地教儿子这两门语言。可是他的时间太少，孩子的学习始终是时断时续的。母亲抱怨说："他从教堂回来，和孩子谈上半个小时，布置点希腊语作业，就又去宗教法院了。而科利亚只好自己坐下来写作业。"

车尔尼雪夫斯基对语言有浓厚的兴趣和良好的天分。他的表弟，后来成了科学院院士的亚·贝平回忆说："他好像很小就通晓拉丁文了，他读拉丁文的情形我记得很清楚……他能自如阅读十七世纪初的老版本著作，而不需要借助任何工具书。"

虽然他家不够富裕，不能像贵族家庭那样给孩子聘请家庭教师，但小车尔尼雪夫斯基在学习上却有一种主动精神，又很有办法。比方说，有一次他偶然结识了一个卖水果的伊朗人，便提出教那人说俄语，作为条件，对方要教他波斯语。于是那个伊朗人就每天卖完水果到车尔尼雪夫斯基家里，两个人互教互学。用同样的方法，同时期还他还和表弟们一起跟一位教音乐的德侨学了德语。其交换条件是小车尔尼雪夫斯基要教他俄语。

进正教中学以前，车尔尼雪夫斯基就已经学了拉丁语、希腊语、动物学、博物学、几何学、俄语语法、文学理论、历史、地理、德语和法语等，上中学以后，除学校所开设的课程外，他又自学了波斯语、阿拉伯语、希伯来语和鞑靼语。为提高文字表达能力，车尔尼雪夫斯基此期还开始作些简单的修辞练习。经过勤学苦练，几年之后他便能翻译古罗马历史学家科尔奈利乌斯、西塞罗和李维等人的作品了。

在家学习的几年里，除了做功课，他还读完了父亲所有的藏书。这是一种大扫荡式的阅读：卡拉姆津着的《俄罗斯国家史》普柳沙尔的《百科辞典》、亚·韦尔特曼的《世界图册》等各种历史书籍，《绘画评论》等杂志的合订本无不在阅读之列，连每行文字几乎都附有整页的积分方程式的俄国天文学家佩列沃希科夫艰深的专著《天文学》都没放过。

父亲不满足仅给儿子提供自己的以 18 世纪至 19 世纪初俄国作家为主的藏书，他经常去城里从贵族朋友那里借回来许多新的出版物，于是小车尔尼雪夫斯基便有机会接触到诸如普希金、茹柯夫斯基和果戈理的作品，以及《祖国纪事》《读书文库》等大型月刊和很出名的《现代人》杂志。车尔尼雪夫斯基对赫尔岑和别林斯基著作的阅读，就是从那时开始的。

4. 称职的小老师

1842 年，车尔尼雪夫斯基开始就读于萨拉托夫正教中学。

在那里，车尔尼雪夫斯基被编入低年级的修辞班。班级的序列向上还有称为哲学班的中年级，再往上的高年级——神学专修班。他的智力发展程度和知识水平，已远远超过这所学校对学生的要求，所以他几乎没有什么可学的，那些烦琐死板的教学方法，以及为了适应神学的需要而开设的空洞无物的哲学课，为了培养布道说教能力开设的死气沉沉的语文课等课程，让他收获甚微，只能白白浪费时间。

为了扩大语言方面的知识，课堂上的多半时间，车尔尼雪夫斯基只好摘抄词典。尽管他总埋头做自己的事，但老师任何一次的突然提问他都能应付自如，不但问题答的详尽，甚至还能添加课本所没有的知识。学生们特别喜欢听车尔尼雪夫斯基回答历史问题，每当这时，喧闹的课堂总是鸦雀无声。

他还擅长作文。语文老师向校长汇报说"可能只有大学的教

授，才能就题发挥得如此绝妙。"关于作文课，车尔尼雪夫斯基回忆到："常用的题目数量不多：修辞班常用的题目有《受苦才知上帝亲》《忍耐的益处》《伤风败俗源于腐败的社会》等；哲学班有《论灵魂与肉体区别》《论思辨法由于经验法》等。总之，在整个中学阶段，五六门课程中，作文的题目总共不超出一百个。而每年却要写几十篇作文，只好旧题重做……"

同当时整个社会风气一样，重复和因循被认定为天经地义，独立创新则每每被视为异端，即使学校里也不例外。1845 年，车尔尼雪夫斯基因在作文中独立思考被老师批评。那篇拉丁语的论文题目叫《论学校教育应否比家庭教育更重要》。行文中，他结合自己的实际全面肯定家庭教育的益处，并对当时学校的教育制度和方法多有批评。这下老师不满意了，只给打了 2 分（不及格）。并给出如下批语：

"论述清楚，行文流畅，思路却是极端错误的。希望不要只注意学校教育的缺陷，而不去肯定最高当局办学的宗旨。"

聪明的，有时还有点离经叛道的车尔尼雪夫斯基，在学校里虽然收获不到多少知识，却赢得了同学们的敬爱和尊重。14 岁才入学的他，有时还是像小时候那样如女孩般腼腆、文静，可是他热情、知识渊博、谈吐风趣，大家都喜欢与他交往。他对同学们的求助，总是有求必应，即使帮不了，也尽最大努力。

他通晓拉丁文，经常离上课很早前就来到教室，像个小老师一样认真地帮同学们检查作业，给他们解答疑难，这时教室里总是很热闹，他周围总有人，不等这伙走，那伙就来了，经常有排不上的人在一边着急地喊："车尔尼雪夫斯基，这句为什么用这个格……"等类似的问题，或者还有刚问完却忘了答案要求他再

说一遍的，这时车尔尼雪夫斯基总是很耐心，从来没见过他不耐烦。

当时不少教会学校都盛行体罚，教育方法粗暴野蛮，即使相比之下还算温和的萨拉托夫正教中学也不例外。那里学生倘有过失，也要在墙角罚跪，被迫磕响头。不过因了车尔尼雪夫斯基的帮助，他的大多数同学总能逃脱惩罚之苦。

正教中学的几年学习中，他和班上许多同学建立了友好的关系，和几个还成为知心朋友，米哈伊尔·列维茨基是和他最铁的一个。车尔尼雪夫斯基一生中这样的至交只有三个：中学时期的 M·列维茨基；大学时期的 B·洛博德夫斯基；《现代人》杂志编辑部时期的杜勃罗留波夫。

列维茨基是车尔尼雪夫斯基的同桌，车尔尼雪夫斯基坐在第一排第一个座位，列维茨基坐第二个座位。和车尔尼雪夫斯基的内向截然相反，列维茨基不善于遮掩，好冲动，是个急性子。他爱与同学争论，直到面红耳赤也不肯停止。列维茨基对教师的意见，也总是公开表示出来。他的反对观点，经常使人无地自容。

列维茨基锋芒毕露的性格终于激起了老师的愤怒。一次宗教课上，科任彼特罗夫斯基说："你列维茨基是个正统的新教徒。可是你的反对意见却不合新教精神！你争论的目的不是为了弄清真理，而是想摸我学识的深浅，是想抓把柄、寻不是，好让我难堪！"

还有一次希伯来语课堂上，因意见不一致，他涂抹了老师的笔记本。当老师问他原因，他反而问老师："你干吗要胡说八道？"

最后，他被取消了享受官费的资格。

就是这个爱抬杠的"新教徒",居然成了车尔尼雪夫斯基的至交。如果他们几天不见面,都会觉得有活不下去的感觉。有一次车尔尼雪夫斯基发疟疾将近三个星期没去上课时,列维茨基却犹豫着没去探望他,因为他没有体面的衣裳。平日冬天他穿一件粗呢子农民上衣,夏天则是一身黄色土布长袍。

列维茨基被剥夺官费资格的事情发生于1846年,这时车尔尼雪夫斯基已经远赴彼得堡,离开萨拉托夫正教中学了。听到这个消息,车尔尼雪夫斯基痛苦极了。在他看来,列维茨基唯一的经济来源被剥夺,对于一个意志品质尚未稳定的天才少年来说的确是沉重的打击,没有什么比摧残俄罗斯未来的骄傲更残酷的事了。

列维茨基后来的情况正如车尔尼雪夫斯基所料,这位才华出众的人,虽然他不好喝酒,也开始借酒浇愁了。"现在他一定烂醉如泥,曾经的一个有着惊人智慧,炽热上进心的人,在萨拉托夫他不会获得满足……而那些困难、挫折却会把性格和意志还没有成熟的天才,变成一个易怒的不能忍耐的人。……不幸的人啊,终于要被毁灭了!"

列维茨基后来真的变成了一个酒鬼,终日沉溺于酗酒不能自拔了!虽然不知道他是什么时候离开人世的,但1862年车尔尼雪夫斯基提到他时已经将他作为一个死者来谈论了。

5. 最初的抉择

车尔尼雪夫斯基未来应当选择怎样的人生道路——是同父亲一样进入宗教界?还是上大学走另一条路?

这个问题在他进入中学不久,家人就开始讨论,并始终决定不了。

正如他父亲加甫利尔·伊凡诺维奇当年进入宗教界一样，决定一个人未来走向的偶然因素是不可忽视的。当年那股不曾料到的挡不住的好运气使得加甫利尔·伊凡诺维奇成为一名神甫，多年以后他在宗教职业中所遇到的一件不痛快的事情，却使他的儿子车尔尼雪夫斯基远离了顺理成章的宗教生涯。

在给一个新生婴儿往教堂的名册上登记时，匆忙之中的加甫利尔·伊凡诺维奇不慎违反了宗教程序，这个小小的疏漏使得他被罢免了在宗教法庭担任的职务，取消了出席宗教法庭的权利。这倒提示了他：儿子最好不走和他一样的路。

这桩意想不到的事，也改变了叶甫盖尼娅·叶戈罗芙娜的想法，动摇了她的决心。以前她总是毫不怀疑地认为儿子将在宗教界供职。这次她却说："每个神甫都是那么拼死拼活地工作，可是奖赏则只属于最精明的人。上帝怎能如此不公正呢？"

这件事情的巨大影响，还在于让全家人的意见得到了一致。父母在车尔尼雪夫斯基进入正教中学不久之后，就开始商量将他送入大学的问题。加甫利尔·伊凡诺维奇从一位正在彼得堡大学法律系念书的亲戚拉耶夫打听到，只要通过入学考试，即使没有读完中学也有可能提前上大学。

在这个问题上，萨勃卢科夫——正教中学的鞑靼语和阿拉伯语老师——所起的作用也不该低估。萨勃卢科夫说服自己的学生，不要局限于接受正教中学的教育，而是应该到大学去深造。萨勃卢科夫器重车尔尼雪夫斯基，曾给他不少鼓励。车尔尼雪夫斯基对语言学浓厚的兴趣，就是在跟随萨勃卢科夫学习时形成的。

许多年后，车尔尼雪夫斯基始终不忘恩师的教诲，即使他被禁锢在彼得堡要塞受尽折磨的时候，他仍然经常想起萨勃卢科夫，

认为作为学者和老师，他是"最认真、最高尚"的。

1845 年 12 月，升到哲学班的车尔尼雪夫斯基向正教中学提出退学申请：

"征得我父亲、耶稣圣像大教堂大祭司加甫利尔·车尔尼雪夫斯基的同意和准许，我愿退学，之后将到一所帝国大学继续深造。"

校方很快给办理了手续，并作出以下的书面鉴定：

哲学、文学、俄国历史——特优；东正教教义、圣经、数学、拉丁语、希腊语和鞑靼语——优。

评语则是：品行良好，学习能力强，聪明勤奋。

退学以后，为参加升学考试，车尔尼雪夫斯基抓紧时间在家做准备。

但是更为具体的问题却提上了日程：究竟让车尔尼雪夫斯基到哪里上大学呢？是就近的喀山？还是莫斯科？或者京城彼得堡？全家一直举棋不定。直到后来才决定去彼得堡。因为一开始提到的那位亲戚拉耶夫就在彼得堡大学的法律系读书，父母认为到那里车尔尼雪夫斯基可以得到这位年长亲戚的关照。

送车尔尼雪夫斯基去遥远的京城上大学，一下子成了全家谈话的中心内容。家里薪金收入寥寥，却还要送学生到 1800 公里外的首都去，即便自己租马车——这比乘驿车要节省得多——也要花很大一笔钱。这是对大祭司一家经济状况的一次大考验——一切都得考虑到：路上吃的燕麦、车夫及其三套马车旅途上的粮食草料、过路费、客店费。抵达后，为做好初步的安置也有种种开支：租房费、校服费、课本费等等。再者，做母亲的怎么也不肯同意让儿子孤身前去；她不顾身体虚弱，非要亲自陪儿子。她想亲眼看看儿子在远离父母之后怎样安排生活。因此还必须筹措叶甫盖尼娅·叶戈罗芙娜回程的路费。

现在全家人的主要精力，便是为车尔尼雪夫斯基动身作准备。家人以极其激动的心情对待他们的这次长途旅程。

二、寻梦彼得堡

1. 漫长的旅程

决定去彼得堡出发的日子选定在 5 月 18 日。

一直到动身前夕，行装才收拾完毕。接着，开始告别了。出门的人坐到马车的位子上，马车便徐徐移动了……

车尔尼雪夫斯基从马车里向外望了最后一眼，他看到父亲穿着一身便服，腰间束着绣花腰带；他高高的身影，随着马车的前行开始逐渐在地平线上变小……儿子离家到了遥远的、神话般的彼得堡时，离别的场面一直在他心中……

旅程漫长而又艰难。第一天才走了 12 俄里（1 俄里约相当于 1.06 公里），在奥尔尚卡过夜。直到他们在莫斯科换乘驿车之前，此后的每天的行程也都差不多。从萨拉托夫到彼得堡他们一共走了 32 天（包括途中停留的时间）。

一路上车尔尼雪夫斯基兴高采烈，他为能有机会到首都去学习而兴奋不已。为了不使母亲叶甫盖尼娅·叶戈罗芙娜怪罪他离开老家满不在乎，他一意识到就极力掩饰着高兴的心情。

别尔加斯、基托夫拉斯、巴拉绍夫……凡所经之地，对这两个萨拉托夫人来说都是新鲜的。可惜天公总不作美，一路连降倾盆大雨，使本来就难走的道路更泥泞不堪了。马车在遍是坑洼和辙窝的土路上不停颠簸，还常常陷入大水坑里。道路两旁是一望无垠的田野，间或有小树林，偶尔会见到孤零零地带着单调条纹的里程标……

经过巴德兰镇，一位熟人普罗塔索夫在告别时勉励他说："希望你会成为一个有益于教育事业，有益于俄国的栋梁之才。"这话使他感到又熟悉又惊讶，因为启程的五天前卡拉科佐神甫也这样勉励过他："托上帝的保佑，我们定会再见，那时我们虽已白发苍苍，而你，却将成为一名教授、伟人。"

车尔尼雪夫斯基的旅途日记清楚地记下了这两次谈话："我的心灵被这些美好的祝愿深深地感动着，他们虽然是无心随便地说了这些话，却真的说到了我的心坎里，我的志向的确如他们说的那样……这两个人真是明白追求荣誉和为人类造福的真谛……现在我要永远感谢卡拉科佐和普罗塔索夫这两个人对我的祝愿，……我将永远记住他们。"

白天尝尽了颠簸之苦，夜晚他们则在烟雾腾腾的小客店或简陋的农舍中熬过。月底，终于抵达了沃龙涅什市。现在总算可以休息几天了。他们开始斋戒祈祷，然后进圣餐、参拜沃龙涅什的教堂、寺院。母亲还为萨拉托夫的外甥女买了许多小神像和指环。

从沃龙涅什出发，走到第十天，终于看到莫斯科城在眼前出现……他们直接去找小布龙纳亚大街教堂里的克利延托夫神甫，他也是萨拉托夫人，论起来还是老乡。母亲心疼儿子，再者自己也想逛逛这个从未到过的城市，就决定停留几天。

车尔尼雪夫斯基先到邮局去领取了父亲的信件，又往萨拉托

夫回了信。然后他们还去参观克里姆林宫。

翌晨，叶甫盖尼娅·叶戈罗芙娜说，她决定在儿子快要上大学时带他到谢尔盖耶夫大寺院去做一次祈祷。她想请克利延托夫家主管家务的大女儿亚历山德拉·格丽戈里耶夫娜陪他们前往。

亚历山德拉热情温柔，举止优雅，但却隐藏不住她内心深处的忧伤，可以看出她在父亲家里过着寄人篱下的并不顺心的生活。她曾结过婚，后来成了寡妇，就又回到娘家，并挑起照料这个大家庭的重担。和当时俄罗斯许多家庭一样，父亲态度恶劣，像对待佣人一样使唤她。

看到亚历山德拉的痛苦遭遇，车尔尼雪夫斯基产生了强烈的惋惜和同情——这个几乎失去了一切个人欢乐的年轻女人，即使把一生都献给父亲和妹妹们，还是换不来一丝怜悯。

在叶甫盖尼娅·叶戈罗芙娜的一再恳求下，克利延托夫才同意女儿陪他们母子一起到大寺院去做祈祷。在大寺院里，他们"祈求"上帝，希望雨尽快停下来，好让他们顺利到达彼得堡。

在从寺院回来的途中，母亲在车里打盹，车尔尼雪夫斯基和亚历山德拉·格丽戈里耶夫娜认真地攀谈了很久。她良好的理解力，不带偏见的正确判断，对生活纯真的态度让车尔尼雪夫斯基感到很惊奇。

即使亚历山德拉·格丽戈里耶夫娜不愿意谈自己，但车尔尼雪夫斯基还是能通过这些仓促的不连贯的谈话，了解到对方的身世。她的不幸唤起了车尔尼雪夫斯基更深的怜悯和感动——他越来越同情她了……

从寺院祈祷回来，母子回顾了从萨拉托夫到莫斯科这段为时数日的旅行，又计算了大小开支。他们得出结论，最好同不可靠

的酒鬼马车夫萨韦利分道扬镳，剩下的路程改乘公共马车。这样虽花销稍大些，但速度快些，也舒服些。

买好车票，又经过三昼夜的旅行，6月19日的拂晓时分，他们乘坐的马车，终于在小莫尔斯卡亚大街和涅瓦大街的拐角处停了下来。

天刚亮，他们就去找拉耶夫。拉耶夫盛情地接待了他们，还很快帮远道而来的亲戚在附近找了临时住处。从这间看起来不错的房间里，只要一抬头就能从窗户里张望到伊萨基耶夫斯基大教堂那巨大的在阳光下闪闪发亮的镀金圆顶。

现在他们可以稍微休息一下了。中午，车尔尼雪夫斯基去了熙熙攘攘的涅瓦大街。那里的繁华景象他从未见过。拥挤不堪，简直无法挪步的街道，使他想起"50年前伏尔加河里鱼多得船只无法通行"的传说。这个外省的青年人一进书店更是呆住了，各家书店的柜窗让他眼花缭乱，在书籍的海洋里，他一时几乎忘了自己的存在。

在给亲人的信中，他尽量照顾到每个人的兴趣，急切地告诉他们首都的繁华。他开玩笑地向萨沙和表妹描绘首都生活的惬意。他告诉外祖母说，他在涅瓦大街看到了总主教，并说他很快就会看到沙皇一家。"我们还看到了火车，它行驶得快是毫无疑问的，但不像我们想象的那样快。"他向父亲讲此地大教堂的富丽堂皇，讲一些同乡人在彼得堡飞黄腾达的现状，讲自己入学手续的办理情况，以及对未来的安排等等。"我真是高兴得了不得，也不知该怎么说，我能到这里来，该怎样感激您呢？我亲爱的爸爸……你让我迎来了自己命运中最关键的时刻……"

离入学考试还早，车尔尼雪夫斯基除了为即将到来的考试做准备，还时常去别利扎尔、格列佛、拉季科夫、奥利新等书店一

呆就是几个小时。不到两个星期，这个萨拉托夫来的"书迷"，便已翻遍了彼得堡各大书店的图书目录。

2. 大获全胜的开局

7月12日是车尔尼雪夫斯基的生日。这一天，他到彼得堡大学报了名，选择了哲学系的历史和语文专业。

做母亲的心里不踏实，以为要想考取最可靠的途径是求人，想通过其他的方法达到目的。比如拜访负责考试的教授，告诉他们自己带着儿子从远道而来，花了一大笔钱，家庭又并不富裕，求他们格外关照。

这一想法伤害了车尔尼雪夫斯基的自尊，他在给父亲的信中有分寸地、不失礼节地批评了妈妈的计划。他认为完全没必要去乞求别人的怜悯和恩赐。他说："你去诉说我们经济拮据，又经过长途跋涉到这来，那样只会让人觉得像乞丐，有知识的乞丐。而且别人也未必就会产生同情。就算上帝保佑，你说服别人录取了你，可是整整四年都要耻笑你说：'傻小子，白走了1500俄里，真不值啊！'看来，很清楚，根本不需要那样做！"

8月2日早晨，考试开始了。第一门是物理，校长普列特尼约夫亲自监考，连彼得堡教育区的督学穆辛·普希金都出席了。三个考官同时发问。穆辛在场时，按着考生姓名的字母顺序点名入场，两个钟头他走了后没人再挨个喊名字，但考生却能像去作忏悔一样，一个个自行入座。口试完成以后，教授对车尔尼雪夫斯基的回答十分满意。

"棒极了！"教授评价道，"你以前是在哪里上的学？"

车尔尼雪夫斯基没像别的考生那样盯着教授手里的笔，或是弯着腰以便凑近记分册看分数。一是他心中有谱，二则他视力欠佳，况且这位教授也是个高度近视，填写分数时，头几乎碰到了桌面。

第二天考代数和三角。由于初试的成功，这一天他更是精神抖擞，把问题回答的又快又好。不过他对当时没戴眼镜还是略感遗憾，因为当场判定的分数一个也没看清楚，没有在第一时间就体会到这份快乐。

语文考试中，这位萨拉托夫人抽到的作文题目是：《来自首都的一封信》。结果这篇作文被他发挥得极好，得了满分。

考拉丁文时，他更是信心百倍，因为他具有不用做准备就可以顺利翻译塔西佗、贺拉斯等任何一个作家的作品的能力。他本来有可能用拉丁语和主考人费赖塔格教授对话，没想到弗赖塔格俄语水平不高，在车尔尼雪夫斯基迟疑的时候已转向另一考生了。结果这一门只得了四分。

总体上他考得非常成功。全部科目满分是 55 分；这一年彼得堡大学的录取分数线是 33 分；车尔尼雪夫斯基竟然考了 49 分！

考完试后，按学校规定，新生要定做学士帽和准备佩剑。帽子很快定妥，佩剑呢，母子俩本来是想去商场里买便宜的旧货。可是因为考得太好了，母亲心情特高兴，就不心疼钱，定做了一把新的。

叶甫盖尼娅·叶戈罗芙娜这下应该放心了，满意了，可是遗憾也随之油然而生。她不远千里陪伴儿子来到这里，就是渴望儿子能够留下来闯出一片自己的天空，现在，儿子真的要一个人留下来，她又生出了一万个不放心。天下的母亲啊，心都是一样的！

叶甫盖尼娅·叶戈罗芙娜就要回萨拉托夫了。尽管没来得及看

到儿子穿上大学生礼服的英姿，可她随身带走了给儿子选购的做礼服和大衣的呢料的样品。回去后，一家人将在无数次谈论中展开想象……

8月26日，母亲离开彼得堡，启程回家。她将和一位女伴一同乘三套马车先前往莫斯科，再从那里雇马车直达萨拉托夫。儿子一直把她送到城门口。

当母亲和他在一起时，他没有体会到什么叫乡愁。可是此刻，随着母亲的启程，这种一直给他力量的亲人的最后一点温暖就要被带走了！从现在开始，车尔尼雪夫斯基将一个人待在这个陌生的大城市里。他将怎样开始今后的人生旅程？

和母亲告别时，他像个坚强的男子汉，努力抑制住自己的情绪，不时说些开心的事，比如问妈妈为什么要买这么多路上吃的芜菁，和其他的玩意儿。妈妈也显得很高兴，她也怕儿子难过，答应在路上不会伤心，可以做做祷告，闷时与同伴玩玩纸牌……

车尔尼雪夫斯基已经过惯了家里好客、友好的氛围及平静舒适的生活，那个时候大家都关心家务，一切事情都有依靠，现在他却要迎来一切主意都要靠自己拿的，充满孤独感的日子，省吃俭用的大学生活开始了。

为了让家人少担心，也为了减少开支和缓解孤独，就像当初计划的那样，母亲启程后他就搬到了拉耶夫那里。

即将从彼得堡大学法律系毕业的拉耶夫和几年前不一样了，那时常请车尔尼雪夫斯基帮助准备大学考试的他是个活泼而不失谨慎年轻人，而现在，经过三年的大学生活，他已经变得过于矜持，甚至显得有点干巴和冷淡，气质好像京城的一个小官僚。车尔尼雪夫斯基很讨厌这些，不过，由于无法退避，他只好保持缄默。由于观点和信仰的迥然不同，两人的分歧自然不可避免。拉耶夫表示，他从不同意这位亲戚的政治见解，而车尔尼雪夫斯基对他的看法也是一样。

现实尽管如此，但车尔尼雪夫斯基在家信里却总是爱把事情描绘的好些。他一再告诉父母住在这里的很多好处。比如环境非常清静，没人打扰他们；不花学费就可以跟法国人房主学法语；可实际上这里一点也不安静，他更没机会学法语：房主人一早就去上课，夜里十一点才回家，哪里能听到他说法语？女主人倒是每周都回来，但回来时不是喋喋不休地和儿子大声聊天，就是拉开嗓门唱歌，房客哪里能得到片刻安宁？

同样，车尔尼雪夫斯基在信中告诉父母关于自己生活的情况也并不都是真实的。因为他想打消他们的忧虑，让他们少为自己担心。这种想法起初并不明显，只涉及一些生活琐事。到后来随着他的日益独立的、与家庭的传统观念格格不入的精神世界的形成，家信中的这些矛盾，才发生了本质的变化。

新的环境对人的影响不是一下子就完成的。同样，车尔尼雪夫斯基也不是一下子就根除了与家庭的精神联系以及传统习惯所给予的影响。初进大学时，他仍和刚离开了的那些人们保持着密切的联系，他们的一切都使他感到温暖，踏实。只是随着岁月的流逝，他才明白，他在新的生活状态下所形成的思想，与所离开的旧的生活状态下的精神结构是水火不容的。可是，要从本质上告别旧观念，拥抱新生活，绝不是一件轻松的事，随着新世界观的日益形成，他内心的斗争也变得激烈了，只有经过了长期艰苦的内心斗争，他才得以与旧传统旧观念彻底告别。

三、大学第一年

1. 新思想的萌生

就在叶甫盖尼娅·叶戈罗芙娜动身的第二天，车尔尼雪夫斯基参加了大学教堂的隆重祈祷仪式，又听了校长普列特尼约夫向新生的训话——这个普列特尼约夫是九年前逝世的著名诗人普希金的好友。

正式开课了，大学的一切起初深深吸引住了车尔尼雪夫斯基，他按时听课，和同学们渐渐熟悉了，对学校的秩序也习惯了。

车尔尼雪夫斯基惜时如金，不久他就计算出从住处到学校的精确时间和距离：步行要 16 分钟，跨 1920 步，折合 1 俄里 300 俄丈（1 俄丈等于 2.134 米）。这比在萨拉托夫时从家里到正教中学稍远一点。

"每天我一出门，走的总是戈罗赫大街或涅瓦大街，经过海军部大厦，再到达学校。"他在日记里写到，"一路上，除了画店墙上的版画和石印画不断更换外，我什么新东西也没看到。"和在萨拉托夫时一样，在这里他也经常因专注思考问题走错家门。

他以同样精打细算的态度，认真地安排每月 20 卢布的生活开支，确定吃饭、买蜡烛、文具、日用品、乃至洗澡等等各要多少钱。他还为自己规定了详细的作息时间，他要争取大学期间的每小时乃至每一分钟，都有条不紊地去利用好……

起初的日子他一直为这种新生活而兴奋、愉快。不过这种由新入大学而引起的亢奋，不久就被对事物的清醒认识所取代了。开学没几天，他就给父亲写信说：

"这里的课似乎不值一提。怕您又要为我担心了：'假如他认为不重要，就会讨厌听课，甚至旷课。'不过你真的不用担心，以前我不也是这样谈论正教中学的课吗？可是我哪里旷过一次课？说归说，做归做，无论怎样我都会老老实实坐下来听课的。这里有和萨拉托夫一样的地方，上帝保佑，也毕竟有点儿不一样……"

他开始对一些课程产生了意见，认为方法很落后。他觉得这些课不如讲得少点，且内容只限于评述本门学科的参考书目，把更多的时间用于学生阅读图书，而不是听演讲。不过他没有逃课，始终耐着性子听着。他认为教学大纲规定的拉丁语和希腊语内容太简单，都是些基础知识，他掌握的已经大大超过了它。在这个具有丰富神学知识的正教中学毕业生看来，赖科夫斯基的神学课最不好，因为这位老师对神学了解的太肤浅。

一周的 21 堂课中，他觉得只有 5 堂课值得注意：两堂库托尔加上的通史、两堂菲舍尔上的心理学、一堂卡斯托尔斯基上的斯拉夫方言。

家庭给予他的影响，这个时候还是表现得很明显。比如宗教观念，18 岁的车尔尼雪夫斯基，在入学不久他还请父亲给寄一份

记录各种斋戒及斋戒日期的单子，他这时还是想像长辈们一样恪守斋戒。但是与此同时，一些新的观念也开始在他的内心萌生。

还在到彼得堡之前，车尔尼雪夫斯基就对普遍存在的社会道德问题极为关注。还在正教中学读书时，他就常常同一些从首都到萨拉托夫来度假的贵族家的年轻人讨论社会问题。从正教中学到彼得堡这一过渡期，他更是个勤奋地追求知识，充满着理想主义的青年。普希金、茹科夫斯基和席勒的作品使他非常入迷。他不只是欣赏诗情画意，使他神往的，是作品里崇高的社会理想。上了大学，他这种思想倾向更进入了一个急剧发展的新阶段。他经常用拉丁文给读中学的表弟贝平写长信，这不是他炫耀拉丁文水平，而是因为信的内容不便用俄文写，因为其中涉及当时敏感的农民问题。

在彼得堡，车尔尼雪夫斯基阅读到了著名作家欧仁·苏新创作的长篇小说《马丁·奈得诺士》。他对这部小说如此感兴趣，是因为它的主题在于描述法国农民贫苦艰难的境况，并试图给出消灭剥削压迫的手段。他刚开始读就急于把作品的内容和涵义，写信告诉表妹柳鲍芙·科特利亚列夫斯卡娅。

车尔尼雪夫斯基同一时期还读到欧仁·苏的另一部长篇小说《巴黎的秘密》。他认为这是一部用耶稣爱的精神写成真正高尚的小说。这部小说让他开始思考使那些被社会环境所损坏了的人在道德上复活的问题。他认识到，人类之所以受苦难遭折磨。并非全是由于自己的过错，而是也有环境的因素。可以看出，他在信奉耶稣的教义的同时，也开始思考如何来净化人类的社会环境的问题了。

"欧仁·苏对人类怀有多么神圣崇高的爱啊!"车尔尼雪夫斯基惊叹道,小说充满罕见的基督教的真正的爱的精神……"献身于崇高的理想,醉心于普希金歌颂自由的诗歌,关注农民问题,热切盼望正义与自由主宰世界……从这一切中我们已经看到了这位空想社会主义者思想观点的一些萌芽。尽管这些萌芽还掺杂着宗教观念,只是想根据一般社会思想来认识世界制度而做出的尝试,但毕竟,一种新的社会思想的发展已经成为可能。

这个精神早熟的年轻人一边读着阿·迈克夫那洋溢着深切爱国热忱的长诗《两种命运》一面力图与诗人一起去探寻当时社会思想僵化的原因。

> 科学并未在你的心中
> 点燃起人民觉醒的
> 那熊熊的忘我精神的火光……

这样充满激情的诗句,激荡着年轻的车尔尼雪夫斯基的心胸,唤醒了他对个人使命的认识和对祖国前途的炽烈的富于激情的预想。他给贝平的信中写道:"我决心坚定不移、全心全意地投入到结束这个时代的伟大的历史浪潮中去,因为这是一个缺少科学精神的时代……俄罗斯应当为人类精神的提升做出它应有的贡献……让俄罗斯优秀的天才,为了拯救人类,显示出她的威力和独特风格吧!我们将参与完成这一伟大事业……还有什么能比参与这种事业更高尚的呢?"

可以看到,这时的车尔尼雪夫斯基已经有了深厚的爱国主义

思想。这让我们想起他曾经惋惜过他中学的挚友米哈伊尔·列维茨基，说他如果在条件尚可的情形下将成为俄罗斯的希望。这个看法是否恰当已无关紧要，重要的是他自己正在成长为俄罗斯的希望。

2. 挚友米哈伊洛夫

车尔尼雪夫斯基在大学里遇见了不少值得尊敬的人，他一生中的一位最重要的朋友，著名诗人和革命家的米哈伊尔·拉里奥诺维奇·米哈伊洛夫就是他在这一时期认识，并成为好朋友的。

开学不久的一次课上，米哈伊洛夫注意到旁边坐着一个戴着近视眼镜、穿旧制服的学生。

"您大概是留级生吧?"米哈伊洛夫问道。

"不，是根据我这身衣服判断的吗?"

"是的。"

"哦，这衣服是我从市场买的，的确是别人穿过的。"车尔尼雪夫斯基回答。

就这样，他们认识了。

两人在的许多方面都不相同：车尔尼雪夫斯基孤僻、拘谨，不轻易流露感情，米哈伊洛夫好激动，情绪多变；车尔尼雪夫斯基笨手笨脚，米哈伊洛夫举止非常自然、优雅，善于表达感情；车尔尼雪夫斯基博闻强记、成绩优异、以高分入学，米哈伊洛夫虽也受过良好的家庭教育，却因全部心思放在文学上，入学考试不合格，只是个旁听生。不过他们还是因为有更多共同的地方而成为朋友——他们都憎恨压迫者，在他们看来，正是这些人造就了俄罗斯的灾难。

我们会记得在正教中学，车尔尼雪夫斯基主要是习惯于去帮助别人，为别人奉献。现在呢，他开始体会到友谊所带来的好处。他这位新结识的朋友，值得学习的东西很多很多。

米哈伊洛夫熟知世界文学，好像是这方面的专家，别人都称他为"活书目"。他不但熟悉古希腊、古罗马和东方的诗人，还知道所有著名的英国、德国和法国作家。他还在《画刊》上发表过自己创作的和翻译的诗作、散文和札记等。

米哈伊洛夫还比车尔尼雪夫斯基更早地摆脱宗教偏见的影响。这当然与他的家世有关：

米哈伊洛夫的祖父原来生活在辛比尔斯克和奥伦堡，是一个女地主的农奴。米哈伊洛夫幼小时，就常听到家人讲他祖父的身世。地主婆死后，他的祖父获得了自由。但他没有及时办妥解放证书，于是地主的继承人就钻了空子，重新使他沦为农奴。他祖父据理提出抗议。于是人家便指控他不服从地主政权，将他投入大牢，审讯他，把他打得遍体鳞伤，死去活来。这段痛苦的经历成为家族的记忆，到了米哈伊洛夫的父亲，临终前给儿子留下遗言也是希望他"牢记祖父的身世，永远不当地主老爷，要永远为维护农民的利益而斗争"。

他的革命信念，就是在这些事件的影响下形成的。

车尔尼雪夫斯基相信，米哈伊洛夫将成为一位杰出的人物。与米哈伊洛夫的交往，使得车尔尼雪夫斯基的视野大为开阔。

他们几乎没有一天不来往，一块阅读《祖国纪事》《现代人》，通宵达旦地谈论文学、政治以及大学的教育问题等等。

后来车尔尼雪夫斯基经常回忆说，第一个促使他走上向前发展道路的就是米哈伊洛夫，同时，米哈伊洛夫也从车尔尼雪夫斯基那里受到好的影响和启迪，这可得到其他出版物的证实。多年以后米哈伊洛夫去世后在有关回顾他生平书籍中就有这样的说法：

"青年人火热的心需要狂热的眷恋和炽热的爱情，他则将这种热情引导并完全转移到追求自由和理想的事业上去了……同时我们也看到，米哈伊洛夫是在祖国处于凄凉和毫无出路的境地中成熟起来的，他越爱俄罗斯，越理解作为一个公民的义务，就越感到绝望，在这方面，车尔尼雪夫斯基的毅力和智慧所施的影响使他获得了支持，摆脱了困惑。"

虽然米哈伊洛夫很快被迫辍学，为了谋生到了离彼得堡很远的下诺夫哥罗德城，但他们的友谊并未中断。

3. 大学众生相

哲学系一年级学生比较少。在这不多的学生当中，有将近 10 个人来自正教中学。

早在 30 年代，就有非贵族出身的青年进入高等学府。到了 40 年代，各大学里已挤满出身于下层职员和市民家庭的青年，他们大部分来自正教中学。不过到了 1848 年，由于欧洲各国爆发了革命事件，沙皇政府就采取了防范措施阻止平民知识分子进入大学。国民教育部部长乌瓦罗夫发布秘密通令来推行这一决议。过了一年，大学招收新生的人数降到了最低点。1849 年，彼得堡大学哲学系只招了两名学生。车尔尼雪夫斯基恰好是在这两个时期之间，来到彼得堡大学的。

进入大学后，车尔尼雪夫斯基逐渐了解到，教授中也有社会出身和他相近似的人。他对这一类教授怀有特别的好感。这种好感在他与父亲争论学习法文的重要性时清楚地表现出来，父亲很希望儿子能精通这种上流社会流行的外语。儿子则反驳说，不会法文已不是缺少教养的表现。他以尼基坚科、乌斯特里亚洛夫和涅沃林三位教授为例。除俄语之外，这几位不会讲其他任何一种外国语言。他们年轻时到哪里去学讲外语呢?尼基坚科和乌斯特里亚洛夫，原来都是农奴。而涅沃林则是神职人员出身。

这些曾经处于底层的教授，在有了成就之后变得随波逐流，开始变得逐渐安于现状，丧失了原有的自由思想和反抗精神，甚至为沙皇政府利用。当然，他们不会像彼得堡地区的督学、狂热的农奴主穆辛·普什金伯爵那样死心塌地成为专制制度的忠实奴仆。他们有时也对官方的思想压制不满，却总是缺乏面对的勇气，不敢去直接反抗。

车尔尼雪夫斯基等平民青年很快体会到这些教授的可悲处境。许多青年都意识到，来彼得堡上大学只是为了获得毕业证书，而不是为了受到真正的教育。这就是米哈伊洛夫在大学待了一年多，便退学到下诺夫哥罗德城谋事就业的原因之一。

即使看不到更多的希望，仅仅为了一纸文凭，也只好坚持下去，车尔尼雪夫斯基给家人写信说：

"现在就是这种制度，想要有点作为，就必须上大学，还必须在彼得堡找事做。没有这两个条件，你将永远是个微不足道的无名小辈。"

他经常感到抑郁，因为到处都笼罩着萧条和肃杀的气氛。按

赫尔岑的说法，军队和衙门已成为沙皇尼古拉一世统治的支柱。盲目的不健全的纪律观念和官僚们僵死的形式主义结合，使得这个政权得以维持。赫尔岑也说，警察分局长们也干扰着大学的教学活动。教授们的活动，受到公开或秘密的各种命令的限制。

尼基坚科教授在日记中写到，有一天，在督学穆辛·普什金主持的校委会特别会议上，宣读了一条"按皇上旨意"写成的命令。其中阐明教授先生们如何理解"民族性"以及俄罗斯心中的"斯拉夫传统"。命令中说：

"民族性就是无限忠诚并绝对服从君主制政体，而西斯拉夫传统不应在我们这里得到任何的同情。"命令还说，斯拉夫是斯拉夫，我们是我们。据此，教育部长乌瓦罗夫要求教授们讲课时，一定要阐述我们的民族性，而且要紧密结合大纲精神和政府命令。那些讲授斯拉夫方言、俄国历史和俄国法律的教授们，更要注意。

这所大学的学生产生了这样一个印象：在语文系学习是白白浪费时间。这毫不奇怪，因为这里一切都是墨守成规、形式主义、废话连篇、咬文嚼字……

在私下交谈中，学生们经常讥讽那个"希腊科学文化的巨擘"——年迈的希腊语文教授格列菲。说他一天不讲错话就没法活。的确，他根本没有自己的学术观点，因为除了一点希腊语的词源，他什么也不想知道。他讲课和考试都用拉丁文，人还算善良，就是脾气极坏。一旦生气，他就把书摔向地板，一边用脚踏，一边不停地大喊："见鬼，见鬼！"他好吹毛求疵，对学生喜欢盘根问底，对学生的错误总要冷嘲热讽，可是当学生回答得合他意时，他又会马上兴高采烈，甚至手舞足蹈。

  语文课和俄罗斯文学史课的教学也远不能满足善于独立思考的学生们的满意。尼基坚科主讲语文课，普列特尼约夫主讲文学史。这两人都非无名小辈，文学史上都留有他们的名字。可是论及教学的才能，他们却略逊一筹。普列特尼约夫在文章中经常有正确的见解，而课却上得废话连篇、催人入睡。他对任何问题总是折中，畏避极端。尼基坚科呢，则只讲作品表层的东西，千方百计回避所谓的"尖锐"问题。一旦学生请教他阐述作品深层面的内涵，他便巧妙地迂回，故意用含混不清的字眼高谈阔论。

  对这些名教授们思想上的无原则性、模棱两可的软弱性，车尔尼雪夫斯基自有自己的评价——他对那些唯官方的意识形态马首是瞻的教授先生们是无法尊敬的。

  不过在老师中，还是有一位值得他尊敬的。那就是年轻的伊斯梅尔·伊凡诺维奇·斯列兹涅夫斯基教授，他的到来，使语文系窒息的气氛稍微活跃了一点。

  斯列兹涅夫斯基是年初从哈尔科夫大学调到斯拉夫方言教研室的。这位有才华的学者，非常热爱自己的专业。他讲课生动，有激情，讲课中能运用亲身观察到的一些斯拉夫国家的丰富材料，不知不觉就把听众吸引住。

  斯列兹涅夫斯基富于创造精神，善于引导学生独立钻研编年史以及其他古籍，他认为这是切实地了解祖国语言的发展历史的必要条件。车尔尼雪夫斯基也是最早热心地投入这一研究的人中的一个。他把纸裁成卡片，遵照斯列兹涅夫斯基的指导按字母顺序把编年史中所有的词汇，都一一记录下来。他用了几个月时间做这种细致的工作，有时一天甚至坐12小时在那儿摘录卡片。

4. 艰难而勤奋的时光

求知欲强、思想活跃的车尔尼雪夫斯基，能够成天去进行咬文嚼字的工作，的确是有些不可思议的。25年后，他本人也在日记中以嘲弄的口吻提到过这件事："真是命运弄人，第一个社会主义者和共产主义者（车尔尼雪夫斯基这样称呼自己），却要在文字游戏中消磨大好时光。"

车尔尼雪夫斯基每天听课，上图书馆，和同学研讨、辩论、闲谈，周末按时给家里写信。日常生活过得简单而充实。第一年的时间就这样日复一日、月复一月地过去。

他害怕看戏耽误学业，不上剧院。对父母则说，他看不惯那些戏。他不去参加音乐晚会，因为一个冬天得交三个银卢布。他不去参加学校的舞会，因为在他看来这既无聊又可笑——女舞伴也是由男学生装扮的。学生会餐他也很少参加，他滴酒不沾，认为这类活动无聊之极。他博览群书，书使他和外界隔开了，也给了他一个更丰富的世界。

他偶尔会到同乡、父亲的熟人和朋友处作客。在彼得堡有不少萨拉托夫人。有的当了大官，生活得自由自在，很阔绰。父母总提醒他要和有用处的人保持来往，他也想顺从父母的意愿，但他那种一丝不苟的性格又使得他不愿意这样做。如果有人冒昧地表示愿意提供帮助，都会刺痛他。他一直在想，倘若仅仅是拜访，谈些无关痛痒的事，或是默默不语地坐着，这样朋友还有存在的必要吗？

从表面看他的生活的确是单调与乏味的，但他内心的精神生活却极为丰富。他在信中告诉贝平："这才叫真正的生活，有了这种精神生活的人，他对外部生活的关注是以不妨碍他内心的精神生活为准的……"

这也是他能够坚定自若地忍受生活中各种困苦、纷扰的原因。艰难重重，难以计算。最经常困扰他的还是缺钱。为了勉强度日，他处处紧缩开支，以免入不敷出。他还时常想到父母供他上大学很不容易，因而心里难受。

冬天快到了，应该准备冬装。好在到学校只有走 15 分钟的路程，他不打算买皮大衣了。若去洗澡，他觉得可以穿光板皮袍。可是没有礼服和制服大衣怎么办呢？他曾想从一个官员的儿子那里用半价买一件旧礼服。但是这件礼服的领子上绣着金色花边，只能参加舞会时穿。于是只好去定做一件。

"唉，这里花销太大了！什么都贵，贵得惊人！"他经常犯愁，因为彼得堡连白面包都比萨拉托夫的贵两倍半。看戏要雇车——更是他连想都不敢想的。茶，他只在星期天喝一次，或者根本不喝。他就是为了把开支压缩到最低限度。

父母亲原以为儿子非常的天分一定会引起学校领导的注意。母亲更是功名心切，不时直接写信追问：哪位教授特别留意她的儿子？虽然车尔尼雪夫斯基回答说菲舍尔和卡托尔斯基曾对他表示赏识，但他自己对此一点也不感兴趣。

诚然，他本打算过以后将从事学术研究，但逐渐地他开始怀疑官办科学的气氛了。他看到，在目前的条件下，在大学校里什么也学不到。

他开始感到奇怪：为什么我们的名人考试都考不好？为什么

这些名人总是同政府关系紧张？他知道的例子就有伟大的评论家别林斯基、赫尔岑、还有更熟悉的普列谢夫。甚至连他的朋友，旁听生米哈伊洛夫也打算离开这个科学的殿堂。在车尔尼雪夫斯基给家人的信中偶尔也会流露出一些"异端"思想，使得他父亲在信中小心翼翼地追问，他交的朋友是些什么人，领导老师们是否关心学生的个人的思想动向。

冬季的几个节日最难熬。他的命名日，母亲的命名日，圣诞节和新年——每到这样的节日家里总是非常热闹。而在这里他却孤身一人，每想到这里就越发有凄清寂寞之感。想念家乡的时候，他就开始计算离明年5月份的学年考试还剩多少日子。因为考完试他就可以回家了。

学年考试日益临近，车尔尼雪夫斯基也习惯了彼得堡的生活。他现在既想早日回到故乡萨拉托夫，又舍不得离开同学和图书馆，不过经过一番思量，他决定依从父母的意愿回萨拉托夫。

考试非常成功，各科都是满分。6月7日黄昏，车尔尼雪夫斯基坐上四轮马车向莫斯科进发。在那里住了三天，一方面等家里寄旅费，同时还要寻找同车的旅伴，并办理驿道旅行证。后来，他找到了一位驾自己轻便马车出差的官吏作为旅伴。6月20日，车尔尼雪夫斯基回到萨拉托夫。

四、告别旧观念

1. 好友洛博德夫斯基

暑假结束，车尔尼雪夫斯基从萨拉托夫回到彼得堡。他已上大学二年级了，总体说来这一年在许多方面和第一年相似。不过变化还是有些：亲戚拉耶夫离开了他。拉耶夫从法律系毕业后，托人情谋求到一个科长助理的职位，从此开始在官场上艰难而缓慢的攀爬。就这样，他们各走各的路了。

从二年级起，车尔尼雪夫斯基开始在课余给人上课挣到些钱。现在他整天得备课，还得应付大学里的各种课程。虽然要做的事多了，不过内心要比以前安宁，因为他已不必再担心父母负担过重。他很高兴不再依赖父母省吃俭用地从萨拉托夫给他汇钱了。他甚至设想，如果表弟贝平来彼得堡考大学，他也能够供得起。

一有时间，他就整天整天坐在公共图书馆和鲁缅采夫博物馆里读书。他越来越相信，大学本身不可能给他带来大的益处。一些课程他还要偶尔去听听，不是因为课程本身有什么可听的，而是为了让教授们看见他在座，好在考试时不刁难他。

这段时间他也没有结识新朋友。和过去一样，他和米哈伊洛

夫、洛博德夫斯基两人几乎无日不来往。他们在一起阅读《祖国纪事》和《现代人》等杂志，夜以继日地谈论文学、政治，也谈论国民的教育问题以及学校琐事等。他在家信中提到过这两位朋友："我有几个朋友从事文学创作活动，说不定很快我也将进入这一行列。"这是他第一次提到要从事文学创作，尽管这仅是朦胧的计划，却可见好朋友的榜样作用。

可是，同米哈伊洛夫的交往很快就中断了。因为米哈伊洛夫没有生活来源，被迫离开彼得堡大学，为了谋生，于1848年到了下诺夫哥罗德城监务局，成了一名小录事。虽然人各一方，但他们之间始终有着书信往来，友好关系一直持续。

车尔尼雪夫斯基与另一位好友洛博德夫斯基的友谊是在与日俱增的交往中建立的。可以想一下，洛博德夫斯基那充满惊险的经历，对于经历简单，又好奇心极强的车尔尼雪夫斯基具有巨大的诱惑魅力！洛博德夫斯基——一个昨天的正教中学的学生，为了献身于有益的思想而渴望得到非宗教的身份，这多么崇高！他不知遇到了多少艰难险阻，然而他不动摇，不退缩。他历尽千辛万苦，不辞跋涉千里来到彼得堡。他亲历了人世间的许多不平等。为了生存，他时而当地主家的补习教师，时而当官府的录事。为了理想，他又一再走上流浪之旅。他栩栩如生地描绘一个和他同路的流浪汉的性格，他还讲述他曾为一个农妇鸣不平，为她出庭辩护；因为他亲眼看到因欠税款，这个农妇的母牛从院子里被牵走。他更以无比痛恨的心情谈论那些残酷的剥削者——达官贵人、粮商、无耻的政客等。

洛博德夫斯基在正教中学学习的时候，各门成绩总是名列前茅。他经常帮助同学，故能博得大家的喜欢。因为他好反驳，爱争辩，常常挑剔教师讲课的毛病，所以教师们都讨厌他。就是讲神学课的校长本人，也为了提防这个"好挑毛病的捣蛋鬼"，而不得不小心备课。后来，洛博德夫斯基终因一次超出了校长容忍限度的鲁莽行径被开除。离开学校以后，他便开始在俄罗斯各地漂泊，有一段时间又在神学院学习。后来又在什么地方打过短工，接着重新流浪，最终来到彼得堡考上了大学。

大学初期的洛博德夫斯基兴趣广泛，博学多识，懂哲学、历史、文学和多种外语，还能背诵莱蒙托夫、普希金等人相当多的诗篇，当他高兴的时候，他不是朗诵那些诗歌，就是扮演果戈理作品中某个滑稽角色。他自己也写诗，其诗风有点像著名诗人科利佐夫民歌的那种风格。看起来他确实具有卓越的文学才能。到彼得堡不久，他就把旅途中的感想写成了随笔，投寄给刊物，遗憾的是这些作品未得到机会发表。

和车尔尼雪夫斯基友好相处的期间，他翻译了歌德的诗歌《科林特的未婚妻》，还想翻译《浮士德》。不过始终未能如愿以偿。洛博德夫斯基由此意识到自己的才能与地位之间有距离，就开始烦躁不安，对周围的人开始过分苛求，容易发怒。他听课听腻了，为了赚钱不得不搞的翻译更使他厌烦，于是他一味抱怨命运，变得整日无所事事，甘于平庸，日渐麻木于贫困的生活。

以往流浪的疲惫，加之现实生活的不如意，一次次的挫折改变了洛博德夫斯基的性情，使他变得乖戾，开始怨天尤人，认为自己所遇到的挫折，都是不可克服的。他需要一个朋友，而这位朋友能相信他，能满怀同情地抚慰他那受到损伤的自豪感，并对

他未实现的设想和计划表示赞许。终于在大学里，他遇上了车尔尼雪夫斯基。

车尔尼雪夫斯基并没有一下子就了解透洛博德夫斯基的性格。他曾在很长的一段时间里深信洛博德夫斯基将成为大人物，一度视他为一个既刚毅又温柔的高尚的人。不过，他有时也会有一种预感，那就是这位朋友将不免会使他失望。车尔尼雪夫斯基似乎早就意识到，对他这位好友估计过高是不恰当的："我对人总是一下子就推心置腹，并且把他们捧得过高，可是后来我又不得不把他们从高位置上请下来。"

这位洛博德夫斯基的一切言行，经常使车尔尼雪夫斯基想起在萨拉托夫正教中学的挚友列维茨基。同列维茨基差不多，拥有过多热情的洛博德夫斯基也具有很多被毁灭的可能。这也的确被后来的事情所证明了。

有一段时间，知识分子中经常谈论巴黎革命和俄国农奴制。车尔尼雪夫斯基记载的同洛博德夫斯基的几次谈话也提到俄国近期有发生革命的可能。

于是，他总听到洛博德夫斯基慷慨激昂地说要在俄国发动一场革命。洛博德夫斯基还告诉他说关于这个问题他经常思考，而且想得很多。

"革命的因素是有的，"洛博德夫斯基说，"要知道，许多村庄已经揭竿而起了。他们拒绝互相出卖，当局力量不足，只好用抽签的办法决定惩办哪些人。可是，他们还是缺乏团结，整体情况是成事不足败事有余。这些原因，除了起义者的认识不足，还有条件不具备……"

"我早就有参加并率领起义的想法了……"他显得那样坚定不移，接着他忆起 1773 年俄国那次最大的农民起义的领导者普加乔夫。

"普加乔夫的例子是个明证，同时也说明那些人靠不住的，他们很快就会把你抛弃……"车尔尼雪夫斯基反驳他说。

"不对！"他打断车尔尼雪夫斯基的反驳，"他们打败了人数比他们多得多的沙皇军队……"

车尔尼雪夫斯基被洛博德夫斯基深深吸引，又非常仰慕他，这一点也不奇怪。他们密切交往的期间，正是洛博德夫斯基一生中最富于幻想和激情的时期。要知道，在 1848 年发动俄国的农民革命，领导起义军和沙皇的军队作战……这一切，就连最果敢的领袖人物，在当时做梦也不敢去想！

随着时间的流逝，车尔尼雪夫斯基逐渐认识到，他的这位朋友的革命性，是很不牢固很不坚定的。

后来，他们分道扬镳了。洛博德夫斯基逐渐消沉，甘心于风平浪静的平庸生活，丧失了年轻人的革命浪漫主义精神。年长的一个，起初勇敢无谓，热情洋溢，但当了五等文官之后，就默默结束了自己的时代；年轻的一个，开始时似乎畏首畏尾，优柔怯弱，可是最后却成了一个伟大的、拥有钢铁般意志的坚忍不拔的革命者。

2. 没有结果的初恋

19 岁的车尔尼雪夫斯基所谓的初恋，是一次没有结果的精神之恋。这与他好友洛博德夫斯基的婚事有关。

1848年初，洛博德夫斯基认识了一个驿站长的女儿。不久，他便心血来潮向那位叫娜杰日达·叶戈罗芙娜的姑娘求婚。

人家很快应允之后，他自己却陷入矛盾之中，认为这门婚事很不适宜。他觉得未婚妻是个孤陋寡闻和不开通的姑娘，很难进行再培养和再教育；同时他又感到，既然已经正式求了婚，就有义务娶她，即便和她生活在一起看不到幸福，也要竭尽全力为她创造幸福。结婚，对他来说意味着要专心于事业，要结束对世事一贯的玩世不恭的冷漠态度，还意味着他必须开始考虑金钱、职业和学位。

洛博德夫斯基多次向他的好友表示："可是我觉得我无法爱她，和她不会有共同的感情。"从求婚被答应那天开始，他就对车尔尼雪夫斯基这样说。因为他们是无话不谈的知己。

婚礼很快就举行了。车尔尼雪夫斯基被邀请做男傧相，为新娘祝福时的场面，深深地打动了车尔尼雪夫斯基，长久地铭刻在他的记忆里。

娜杰日达·叶戈罗芙娜留给车尔尼雪夫斯基的第一印象，和洛博德夫斯基所评价的大不一样。在车尔尼雪夫斯基的眼里，娜杰日达·叶戈罗芙娜绝对是个美女，她文雅秀丽，举止袅娜多姿，美的简直无可挑剔。"这样的姑娘会是孤陋寡闻的吗？相反，她的言行举止，倒显示出了她天资聪颖！"他暗自想到。

婚礼上，车尔尼雪夫斯基目不转睛地看着他们二人，越看越觉得新娘无比漂亮。当她从傧相身旁走过时瞥的每一眼，都使车尔尼雪夫斯基在心底产生非同寻常充实的和前所未有的快感。

仪式结束，他满怀暗喜地回到住处。从此，他再也无法忘掉娜娜杰日达·叶戈罗芙娜的身影和她那天看起来得体优雅的言行举止。一时难以分辨这究竟是一种什么感情，他开始思考、分析、掂量起来："这位年轻可爱的姑娘对我表示好感，这种好感明显地不同于姐妹对我的爱，这种好感对她来说也是不恰当的……也许，这是我的自尊心在作怪吧！不过这也说明，我并不是一个不懂得爱的利己主义者……能以一个善良坦诚、如兄长一样被喜爱的身份同一个年轻可爱的姑娘在一起，那将多好……"

车尔尼雪夫斯基认为自己显得笨手笨脚、腼腆、优柔寡断。就举止来说，的确如此。特别是面对年轻姑娘时，他开始意识到自己不由自主地紧张，这是以往没有的情况。以前他几乎从来不和她们交往，而现在他已经到了可以体会却无法承受爱的年龄了。

在这个时候，总是变换身影出现的爱神时常敲击着车尔尼雪夫斯基的心扉，使他激动不安。在这个向成熟过渡的困难时期，他对爱情的认识不免呈现忧郁的色彩。

他对娜娜杰日达·叶戈罗芙娜的感情，绝对是纯洁的，完全没有不可告人的企图，但他的确是日夜思念她。而且，仅仅是这种思念，便使他觉得无比幸福了。

洛博德夫斯基婚后的第三天，车尔尼雪夫斯基开始用在正教中学时独创的一种速记法写日记。他记下了那次婚礼的情况，以及此后好长一段时间他的心理活动。不然，这些汹涌在他内心里的激流我们是不可能知晓的。

他在日记试图弄清他对洛博德夫斯基夫妇的态度。为什么对他们的思念，总是超过对其他人的思念？为什么自己的一颗心总是被一种期待之情压得紧紧的？他从来没经历过这样的情形。而且，

这也绝不是一种随意想象的幻觉。

尽管车尔尼雪夫斯基很忙，但是不管他正在做什么，忙于何事，他的心总是飞到洛博德夫斯基夫妇那里。他们的关系如何？丈夫是否会正确理解妻子的性格？他们靠什么来度日？洛博德夫斯基是否能设法挣到足够的生活费用……这一切，都使车尔尼雪夫斯基牵念不已。啊，这分明是不可能结果的花枝呀！

车尔尼雪夫斯基密切关注着他们急剧恶化的生活的每一个细节。这两个人的生活很快变糟了。洛博德夫斯基的抱怨使他感到痛苦。每当想到像洛博德夫斯基这样优秀的人物终日为周围平庸的日常琐事、夫妻间无谓的争吵、和亲戚们无休止的闲话折磨得痛苦不堪时，他更痛苦。娜杰日达·叶戈罗芙娜的父母猜疑女婿到小酒馆去闲逛，监视他，还埋怨他同毛孩子车尔尼雪夫斯基来往……

车尔尼雪夫斯基早就发现他的朋友生活上有困难，也曾经常资助他们。现在他决定自己再节省一点，好将更多的钱帮助洛博德夫斯基。他情愿自己受穷也要减轻这对新夫妇的困难。每次收到家里寄来的钱，他都先跑到洛博德夫斯基夫妇那里，把大部分钱留给洛博德夫斯基，自己只留下必需花的三四个卢布。

他认为，如果物质条件宽裕，也许会改变洛博德夫斯基对妻子的态度。车尔尼雪夫斯基经常考虑能从什么地方多弄点钱，使他们夫妇生活得富裕些。

这种感情的发展，自始至终都体现着一种无私的精神。当后来洛博德夫斯基不幸又患上了可怕的肺病。车尔尼雪夫斯基甚至想到，万一肺结核夺走他朋友的生命，他就同娜杰日达·叶戈罗芙娜假结婚，使她不至于像莫斯科的亚历山德拉·格丽戈里耶夫娜一样回娘家去受气，无偿地给父母弟兄充当佣人，还被人看作"卖出门的货物，脱手的女儿"，视为累赘。

3. 艰难的决裂

本来拉耶夫毕业，可以让车尔尼雪夫斯基有一个独立生活的机会，可父母却始终放心不下，他们觉得远在千里以外的京城的儿子不能无人照料。这使得车尔尼雪夫斯基无形中成了更为可靠的亲戚的俘虏。他的表妹柳鲍芙·科特利亚列夫斯卡娅，嫁给了萨拉托夫的一个官吏捷尔辛斯基，婚后将移居彼得堡，住到车尔尼雪夫斯基的那一套住房里。

车尔尼雪夫斯基开始期待亲戚的到来。但不知是因为表妹生病，还是听到传言说霍乱将蔓延到彼得堡，他们夫妇久久未能启程。五月份，他终于得到消息说捷尔辛斯基夫妇已经动身来彼得堡，将同他在一个屋顶下生活。

捷尔辛斯基夫妇的到来，使车尔尼雪夫斯基感到难受。他觉得拘束，象与外人交往一样。早在1849年的秋天车尔尼雪夫斯基回萨拉托夫度假时，就看到过这对夫妇之间庸俗的亲昵：他们经常旁若无人地互献殷勤，柔声柔气地窃窃私语，不分场合地卿卿我我。现在，他们更是喜出望外，更加情意缠绵，根本不注意别人的存在。这使车尼雪夫斯基又尴尬又生气。果戈理小说《死魂灵》第二章中的玛尼罗夫夫妇，在他的脑子里不由得呈现出来："常常这样，一对男女坐在长沙发上，突然不知什么缘故，那个男的丢开了手中的烟斗，而那个女的则撂了手中的活儿，随后他们

便懒洋洋地、长时间地亲吻起来。其时间的漫长，足可以抽完一支雪茄。"

"玛尼罗夫式的人物，"车尔尼雪夫斯基得出结论，"彻头彻尾的，百无聊赖的玛尼罗夫式的夫妇！"

这个以前的正教中学的学生、现在又混成了枢密院官吏的神学院毕业生，是个自负得不得了的伪君子。闲暇时，他不是在和妻子胡扯、就是看看画报或翻翻《圣经》。他爱训斥别人，总引用一知半解的《新约》和《旧约》的话来说教。"隶属关系"这个词对他来说简直是神圣的字眼。他终日祈祷只是为升迁或者获奖。他把个人的舒适生活和官运亨通看得高于一切，对他来说，除了学生时代和供职期间学到的东西之外，不存在任何另外的观点。这个墨守成规，不可救药的家伙在任何争论中都认为自己绝对正确。

他还极端吝啬，朝思暮想的就是怎样把钱积攒起来，当饿着肚子的客人走后，他总是叹口气说：

"没法喂饱每个人啊！"

不遗余力地节约每一支蜡烛，是捷尔辛斯基生活中一项重要的内容。每当夜幕降临车尔尼雪夫斯基想点蜡烛时，他总是小心翼翼而又有礼貌地劝阻说：

"怎么，你好像想点蜡烛了？"

按他们的概念，至少应该摸黑坐上20来分钟，到伸手不见五指时才能点蜡烛。他们还觉得晚上所有的人都该待在一间屋子里，这样只点一根蜡烛就可以了。这样一来，车尔尼雪夫斯基只好在他们闲扯声中学习、写东西和看书了。

　　为了适应以后残酷的环境，这位未来的伟大人物，的确需要在生活中经受一定的历练，不过这种历练恰恰是最不该提供的人提供的。面对着这对曾经信誓旦旦地答应父母要照顾他生活的捷尔辛斯基夫妇，车尔尼雪夫斯基不知道该怎样与他们相处了。他尽量少与他们来往，尽量表现得客气而宽容，不过他很快就感到这种不必要的客气使得他很拘束。他只会把不满装在肚子里，对对方不明显的挑衅默不作声。只是到了一定的激烈程度时，他才变得冷峭和倔强，决心悄悄地摆脱他们。

　　隐藏在车尔尼雪夫斯基心底的愤懑几次快要爆发，可却未引起捷尔辛斯基夫妇的注意。他每天都生活在随时准备迎接挑衅和打架的紧张气氛之中。不过后来这一切又好像不知不觉地烟消云散了。他总觉得他们不把他放在眼里，鄙视他。

　　有一次，捷尔辛斯基以命令的口吻对他说：

　　"拿蜡烛来！"

　　这使车尔尼雪夫斯基很恼火，差一点吵起来。但他还是缺乏勇气去斥责对方的无礼言行，只好默不作声地执行了命令。

　　捷尔辛斯基夫妇精神空虚，生活乏味，见识浅薄，喜欢吹毛求疵，播弄是非。对人苛求对己宽容，终日为琐事纠缠不休——这一切都使车尔尼雪夫斯基感到厌恶。只因从幼小起，他就受到严格的教育：尊重亲戚。有时他为表妹感到悲哀，不过看到她已经模糊地意识到自己完全从属于丈夫时，他又心生怜悯。

　　由于长期同这个令人窒息小圈子的密切接触，他更憎恨那庸俗而又浑噩的利己主义了。这种密切接触，使他在头脑中第一次形成了一个重大的主题。就是15年后他创作的著名长篇小说《怎

么办?》的主题。这个主题是在那时产生的，是在同捷尔辛斯基夫妇的谈话中，以及同捷尔辛斯基的争吵中产生的。当时他极力证明，在当时的社会条件下，妇女只不过是丈夫的奴婢，是家庭专制主义的牺牲品，她们被迫脱离了社会生活，可是捷尔辛斯基不懂这种压迫，他甚至认识不到它的存在。

车尔尼雪夫斯基和捷尔辛斯基不仅在妇女问题上有分歧，他们在一切问题上都可能发生争论。他们对生活中各种事物的看法总是大相径庭。不管是谈论家庭、国家、法国的革命、国内外的作家，还是谈论俄国的官僚等级，他们之间那种白费时间的争辩总是不可避免。因为后者总是当着前者的面，诽谤生活中的一切高尚的事物。

车尔尼雪夫斯基认为俄国的农奴制是野蛮的残余，可是农奴制的忠实维护者捷尔辛斯基，则不能容忍触犯这一制度基础的任何想法。一次吃晚饭时，他对车尔尼雪夫斯基说：

"我不喜欢有人在我面前极不恭敬地谈论政府最高当局。这样无疑会破坏自古就已确立的国家制度，甚至会使事情发展到像目前法国所面临的那样的糟糕现状。"

"按照你的意见，即便长官动用了棍棒，上级也还是上级，……那些人搜刮得也太多了。他们忘了，不是民众要为他们效劳，而是他们应为民众服务。不是真理为维护国家才存在，而是国家该为维护真理而存在……"

对方不耐烦起来，作打瞌睡状。车尔尼雪夫斯基中止了谈话，按字母排列起了涅斯托尔编年史中摘下的单词卡片来。

第二天，捷尔辛斯基不怀好意地提及一个萨拉托夫的官吏时，两人不自觉中又就昨天的话题争了起来。

"他并不比别人差，"车尔尼雪夫斯基反驳说，"大部分当官的并不一定具备什么特殊的禀赋，有些人也不一定有真才实学。真正有无愧于其职位的有才能的人毕竟是少数的。大部分当官的可以被轻而易举地撤换而不影响什么，这说明在我们这里授予官职不是根据才能；相反，倒是在那些当官的得到职位后，才借职位猎取了相应的声誉。"

这段话说的捷尔辛斯基如坐针毡，他气急败坏地打断车尔尼雪夫斯基：

"别说啦，这种争论不会带来任何好结果！"

一星期之后，这两个对头又谈到了一些伟大的作家，他们又争吵起来；

"拜伦是个酒鬼，"捷尔辛斯基说，"和所有酒鬼一样，都是坏蛋。所谓伟大的作家，都不过是些卖艺的而已。可是当官就不一样。"

"不对！"车尔尼雪夫斯基愤怒地反驳说，"作家就是常言所说的，是民族的精华，是操纵杠杆的巨臂……即使他们有些弱点，那么造成这些弱点的原因，也不是普通的原因。比如拜伦，他嗜酒的原因就和别人不同……"

"胡扯！"捷尔辛斯基说，"全都一个样！远看他们好像很伟大，近看却和普通人没什么两样。他们在民众中煽风点火，播下骚乱和闹事的种子。他们犯下的那些错误不可饶恕。"

捷尔辛斯基的这些对伟大作家的浅薄、愚蠢而卑鄙的议论，使车尔尼雪夫斯基深感受辱。他大为激动，不禁想起小时候一次

他读到一篇指责那些忘恩负义的不肖子孙的文章，他们对为民造福的勇士的付出无动于衷，甚至有意视而不见。他面临的捷尔辛斯基和这有什么两样？

"现在，正是这种情况使我激动不安：莱蒙托夫、果戈理……这些优秀的作家——他们正是我们的拯救者，可是竟有人把他们称之为卖艺的!可悲啊……"

同捷尔辛斯基争论的时候，车尔尼雪夫斯基总是很谨慎，没有向他完全流露埋藏在内心深处的思想。至于在同学当中，则是另一回事。在那里他谈笑风生，自由而热烈地谈论革命思想。

检视他在这一段时间的思想历程，会发现起初他对真理、善良和正义的追求，是抽象的、模糊的。可是随着时间的推移，随着他对旧事物斗争经验的总结，以及通过大量阅读讨论对新思想的吸纳，这种向往开始变得清晰而明朗起来。尽管他此时仍没有彻底摆脱宗教偏见的束缚，依旧信仰基督，但是此时他的宗教情感已出现了明显的裂缝。

他以往生活中形成的宗教观点和他在这几年大学中形成的新的观念之间不可调和的斗争，在他同捷尔辛斯基争论之后整理的日记中有鲜明的流露。他是这样记录这一异常而急剧的内心变化的：

"……头脑中闪过这样一个念头：'没有宗教就没有社会'，柏拉图这样说过，我们也赞成。可是，实际情况却是柏拉图本人也没有真正的宗教信仰。因此可以理解为他这话的意思是指道德信念的总和，是自然宗教，而不是什么真正的宗教。"

这里我们看到，家庭和正教中学所施加给他的影响，仍旧很强大，不过，这无论如何也阻挡不了他思想上的阔步前进。习惯的势力仍然在妨碍他同陈腐信仰的彻底决裂，尽管有时他还有意回避去作冷静地分析，可是他更清楚地意识到他迟早会结束对宗教的信仰。

后来的事实发展是：这一新旧决裂的过程持续了整整两年。而且只有在车尔尼雪夫斯基读了唯物主义哲学家的著作之后，才彻底地，永远地摆脱了宗教观念的束缚，同旧观念进行了彻底的决裂。

4. 新观念的形成

1850年是车尔尼雪夫斯基彻底过渡到唯物主义哲学的分界线。这之前的两年，是这位革命民主主义者的社会政治思想的形成时期。这种新思想的形成，同旧观念的祛除一样，同样经历了一个艰难的过程。

起初，他并不曾刻意去追寻新思想，但是他遇到了以往思想观念无法解决的问题。于是他开始浏览一些报刊，寻求各种问题的答案。在阅读中他接触到大量历史著作和社会主义文献。

车尔尼雪夫斯基对新事物非常敏感，一旦发现某种新思想能够帮他更好的思考，他便会积极地去把握。他永不满足于现状，不自满于已经得到的知识，而是不断追寻，不断前进，再用掌握的知识和新观念解决自己所面临的新问题。这样，才在新与旧不断进行斗争中，最终新观点战胜旧观点。

这以车尔尼雪夫斯基对1848年革命的看法为例。在大学里，

他始终热情地为革命者辩护，他就对那些拿起武器捍卫自己权利的人们表示了深切地同情。不过他也有苦恼。因为父亲对这件事的态度和他相反。父亲觉得那些受凌辱和践踏的人无论如何也不应该违反道德去造反，他写信给儿子说："让霍乱在那些不珍惜生命，互相残杀的地方蔓延吧！"

即使如此，车尔尼雪夫斯基仍在内心以为父亲这样说是由于他不了解革命发生的真正的原因。他更愿意相信事情是这样的：尽管父亲有根深蒂固的偏见，可是他天赋的秉性、他的正义感，将使他在了解真相之后作出与他本人一样的判断。

1848年的暑假，为了推迟同父母见面，为了不和他们在宗教、农奴制和法国革命问题上发生分歧，车尔尼雪夫斯基留在彼得堡。他用整个暑假的时间认真阅读了果戈里的《死魂灵》和莱蒙托夫的《当代英雄》。车尔尼雪夫斯基深入细致地思考每一句话，细心琢磨作品中的每一个细节，研究每一个场景。最后，他着手抄录了莱蒙托夫这部小说全部的三个故事。那多半是在夜里，只有当捷尔辛斯基夫妇睡下才能抄写。他不想让他们看到，他是多么痴迷于莱蒙托夫的作品。这总是令人激动的时刻，因为他又要与《当代英雄》的主人公毕巧林进行会面了。

果戈理和莱蒙托夫，都像活人一样进入了他的生活。他经常想，如果能同这些优秀的人物会见，那将会多么令人激动啊！

车尔尼雪夫斯基的全部思想，都被这些他喜爱的书占有了。他爱把书本上的东西和日常接触到的东西联系起来思考。他开始在周围生活中印证果戈理和莱蒙托夫作品中人物的思想和行为。"的确，对了解和判定一个人来说，小说确实是起着非常重要的作用"。他越来越相信，如果不是果戈理小说的启蒙，他是无论如何也理解不了捷尔辛斯基夫妇之间的关系的。

车尔尼雪夫斯基日后之所以会成为伟大的评论家，他的评论才能，就是从研究果戈理和莱蒙托夫的作品开始形成的。他以极大的热情拜读这些名家的作品，学习分析每一篇作品的主题思想，解析作品整体与各个部分之间的关系，斟酌每一个细节，探寻人物微妙的性格和行为。

这位年仅20岁的青年所写的大量读书笔记，特别是《死魂灵》读书笔记，表明他的评论才华已初露端倪。他对《死魂灵》细致地分析抓住了最难捉摸的富有诗意的细节，他看出了果戈里超凡的艺术概括力，并指出果戈里运用这样的小说结构是特别有利于反映俄国广阔的社会生活的。

在这些笔记中，还常常显示出一个未来的政论家的热忱。他认为，在一定条件下，文学是能够对社会生活施加影响的。

在车尔尼雪夫斯基对自己未来职业生涯的设想中，完全可以看到他对祖国真诚的爱，看到一个有使命感的青年成长的每一步。他在札记中通过对所挚爱的作家的评价表明了这一点："假如让我坦率地说出我对自己是如何认识的，我感觉自己命中注定要成为一个将人类社会推向一条较新的道路（即向道德和实践领域）的人中的一个……"

他是这样评价他心爱的作家的："我觉得莱蒙托夫和果戈理那些充满独创精神的作品，在近年来欧洲文坛上的地位也许是无出其右的。正是这两位作家向我证明了只有民族的生活和民族的发展才能决定一个诗人对人类的意义。如果一个国家的人民，还

未起到具有全世界和全人类意义的作用的话，那么这个国家就不会拥有全人类的作家⋯⋯"

他总结说："总之，莱蒙托夫和果戈理的出现雄辩地证明，俄国已到了在精神舞台上大显身手的时候了，就像法国、德国、英国和意大利曾经拥有过的辉煌一样。"

转眼之间大学学习进入了第三个年头。有一次在图书馆里，车尔尼雪夫斯基偶然读到埃尔什和格鲁伯主编的《百科辞典》里关于雅各宾党人雅克·勒奈·恩贝尔的词条。那是带有明显倾向性的，完全是谴责口吻的一段评价：

"恩贝尔——可耻的蛊惑家，他借助严酷的革命谋求了个人的幸福。他是教会的敌人，是那一小撮不讲道义、权欲熏心的狂徒的头目。"

此时车尔尼雪夫斯基，一下子感受到自己思想的剧变。他已经不受这些贬抑之词地影响了。他觉得那些谴责别人的人应当首先被谴责。"难道我要成为《红色共和国》的追随者吗？"他不由讶然自问。

在彼得堡仅生活了两年，他的思想的确发生了深刻的变化。随着他对历史越来越深入的了解，他对现实的领会也开始不一样了。未来，使他充满了信心。

在历史人物中，最能吸引他的是 17 世纪英国独立派首领克伦威尔和法国国民议会中那些伟大的活动家。

当代使他倾心的人物，则有性情直爽、如骑士般风度的法国革命家巴尔贝斯，巴黎郊区的活跃的工人阿尔贝，热情洋溢的法国社会主义者、历史学家路易·勃朗。

"难道我成了革命者？"他检视着发生于 1848 年 7 月的平民蒲鲁东和资产阶级法律卫道士梯也尔在议会中的那场著名的论战，同时也这样一再询问自己。彼得堡大学内对这次论战的反应也很不一致。车尔尼雪夫斯基强烈地同情革新者，对那些动摇旧制度根基的领路人有着难以控制的好感，因此全力维护蒲鲁东的观点。而通史课教师库托尔加教授，则避而不谈封建社会的基础，断章取义地在课堂上恶意批评蒲鲁东，并就起草具有空想社会主义色彩的财政草案一事借题发挥，对蒲鲁东肆意辱骂。

车尔尼雪夫斯基认为，现在早已不是 1793 年那样发表新思想就是大逆不道，应该送上行刑台去被斩尽杀绝的年代了。在一个有新气象的时代里，政治反对派的信念也应该得到尊重。库托尔加的言论和行为都让车尔尼雪夫斯基大为反感，他甚至想写一封为蒲鲁东观点辩护的信悄悄塞到教授的桌子里。但是后来信却一直没有递出去，事实也证明这样更为妥当，因为不久车尔尼雪夫斯基就认识到了蒲鲁东思想理论体系的缺陷。随着思想的成熟，他对蒲鲁东的态度也完全变了。

五、在潮起潮落的年代成长

1. 与哈内科夫的交往

一段时间以来，虽然车尔尼雪夫斯基所关心的和思考的问题早已超越出校园生活的范围，但他每天还是照常听课、答问题、做笔记、交作业、等评语，仍是对功课认真到细枝末节。不过，他同希腊、拉丁语教授弗赖塔格和格列菲的关系却越来越紧张，特别是与前者，已到了要争吵的地步。开学前约两周，车尔尼雪夫斯基就决定回避他们的课，也尽量不去参加他们主持的任何讨论会。如果非去不可，他就将在课堂上干自己的事，比如给家里写信或写日记，绝不参加别人的谈话。

引起这种抗议的原因，是那两个教授好小题大做，吹毛求疵。尤其是弗赖塔格，更是一个粗暴地根本不考虑别人自尊心的家伙。

也许那两个教授已觉察到了这个学生故意不去听他们的课，或者是有比这更为严重的事情，不久他们之间就爆发了一场争吵。不知是哪位同乡获悉了这件事，一五一十给车尔尼雪夫斯基的双亲作了报告。远在萨拉托夫的父亲急坏了，赶紧写信问儿子："你在学校闹了什么事？"

尽管学校里的老师和课程都很糟糕，不过还是有少数教授算是优秀的，如尼基坚科的俄罗斯语文学课、斯列涅夫斯基的斯拉夫方言课和库托尔加通史课等三门课，就颇能吸引学生，引起他们的兴趣。

大家公认尼基坚科的课"合乎教育原理"。他讲课生动，课堂主要是分析学生自己写的文章，再结合实际讨论各种文学问题，课程的内容绝不受死板的教学大纲的束缚。

车尔尼雪夫斯基想从尼基坚科提出的课题中选择一个来写文章。开始他想选择分析小说《当代英雄》。因为这部小说的每个章节，他不知用心通读多少遍了。甚至几个月前，每天晚上他还曾经逐页地抄写过这部小说。它的巨大魅力，长久地在他心中激荡。不过后来他越来越理性的头脑让他选择了另一个更为复杂的题目——《艺术与现实的审美关系》。

这位才华横溢而谦逊的大三学生，无论如何也不会想到，许多年后，正是这个高难度的题目使他在文学批评界一举成名。他的这篇硕士论文，在校外引起了热烈的争论和反响，把读者截然分成了两个阵营。一部分人赞扬他，另一部分人则抨击他，仇视他。

不过，那次使他后来结识了"彼得拉舍夫斯基小组"成员哈内科夫的，却不是这篇文章。那还是在选择分析《当代英雄》的题目之前，车尔尼雪夫斯基读了歌德的《诗与真》之后，所着手写得很偏重心理分析一篇短文。

1848年11月尼基坚科的一次课上，车尔尼雪夫斯基宣读了自己那篇题为《论歌德的利己主义》的论文。下课后他走出教室时，突然有位素不相识的青年人走到他跟前，问他：

"刚才在尼基坚科的课上读论文的好像是您吧？"

"是我。"

"您对探讨歌德性格有很大的兴趣吗？"

"是的，当然有很大的兴趣。"

"得啦，这个问题已经有人解决了。"

"您指的是黑格尔吗？我知道他曾用十行诗来描绘过歌德的性格。"

"不是，我说的是傅立叶。他认为人的欲望有 12 种，一切性格的基础，都是由这 12 种原始的欲望及其派生的情绪构成的。"

这个青年人就是哈内科夫，彼得堡人，曾是东方系的学生，去年因"可疑行为"被学校开除。他二十三四岁，但从外表看还要年轻些。

他俩并肩从校园走出来。在路上，哈内科夫继续给车尔尼雪夫斯基讲述人的根本志向，更深入地为他讲解傅立叶的学说。

车尔尼雪夫斯基默不作声，一路聚精会神地听着。哈内科夫所谈的一切，对他来说完全是新鲜而陌生的。那些名词、术语，在车尔尼雪夫斯基听起来都觉得很是稀奇古怪，诸如社区，集体劳动组织，协会，法伦斯泰尔……这一切，他以前从没听过。

起初，他觉得哈内科夫思路杂乱，语言过于激动，好像是个狂热的新教徒在吹牛。但他马上又责备自己不该匆匆作出有偏见的结论。从哈内科夫的话里，可以看出这位青年对傅立叶学说的深信不疑。他认为这思想将能承担改造人类赖以生存的星球乃至人类本身的伟大使命。

哈内科夫向车尔尼雪夫斯基讲述了这位法国思想家的生活，还谈到了傅立叶是如何考虑法伦斯泰尔以及按集体分配劳动的问

题。后来车尔尼雪夫斯基《怎么办?》一书中薇拉·巴布洛夫娜的梦里所展现的人类欢乐的生活图景,其最初灵感的源头,应该就是这次谈话。

"这不是幻想!……不是空想!……"哈内科夫大声而激动地说"你可以读傅立叶的《普遍统一论》一书。那里面有用数学的方法做出的精辟论证。您读一读就会知道他的观点多么合理!即使法伦斯泰尔里一个最糟糕的劳动者,也要比一个有权势的统治者幸福。"

"傅立叶的思想在自己的祖国得不到应有的理解和重视,但在世界上引人瞩目。在我们这个黑暗沉闷的国度里,在这冰天雪地的北方,不知道有多少人一直在探索真理、追求光明……"哈内科夫抬起头来,望着无限的远方,坚定地说道:"我们的祖国戴着镣铐,专制和无知窒息了它美好的一切,但改变这种状况的日子就在眼前……"

在马厩大街的拐角处,他们停了下来。哈内科夫谈到那些不堪虐待的逃民以及历史上多次发生起义的诺夫哥罗德城。告别时,他又提到俄国当前的任务:"我们应当填补傅立叶思想体系中的空白。他由于对这一制度过于醉心,而忽略了历史传统,即使谈到,也是一笔带过……我们应当详细地研究俄国历史,要从中找到民族自尊……"

哈内科夫热情邀请他参加他们的小组活动,还说:

"如果您想读傅立叶的书,我可以借给您。您可以星期六晚上来找我。我住在基罗奇纳亚大街上梅尔策的房子里。"

2. 彼得拉舍夫斯基小组

哈内科夫提到"冰天雪地的北方"不是偶然的。当时彼得堡进步知识分子阶层中，革命情绪日益高涨，出现了一些半地下状态的小组织。哈内科夫正是积极传播傅立叶的空想社会主义学说的"彼得拉舍夫斯基小组"的成员。

小组组织者——九品文官彼得拉舍夫斯基是个胸怀广阔、意志坚强的人。他刻苦好学的劲头，朝气蓬勃的精神风貌，滔滔不绝的口才，从不知疲倦的旺盛的精力，使得他像个天生的鼓动家。他喜欢广交朋友，寻找一切机会传播他那隐藏在心中的思想。

早在1845年，彼得拉舍夫斯基和他的朋友们就开始活动了。起初的形式只是一个读书会，他们通过彼得堡的一个叫卢里的书商订购一些禁书，即被当局严禁传播的有关社会主义学说的书籍。这些禁书，便成了吸引人们到彼得拉舍夫斯基家来主要原因。于是每逢星期五，便有人来造访。开始时人不多，那些来找彼得拉舍夫斯基交流新书信息和读书心得体会的人，有文职人员、军人、教师和大学生等，都是他的朋友。

初期的活动只具有"学术性质"。1845年至1846年，经常到他家聚会的人当中，较著名的有诗人普列谢耶夫、政治家米柳京、批评家B·迈科夫、未来的《俄罗斯与欧洲》的作者丹尼列夫斯基、作家萨尔蒂科夫·谢德林、近卫军军官蒙别利、大学生哈内科夫……翌年冬天，陀思妥耶夫斯基、恩格尔松、阿迈克夫也到他家来过。

后来，这些人又将各自的朋友带来，于是新人越来越多，集会越来越频繁，内容越来越多样化。人们在这里争论有关共产主义的问题，讨论关于政治经济学、家庭和宗教的各种学术观点。

尽管来访者形形色色，尽管彼得拉舍夫斯基小组成员的思想各自不同，但大家都对现存制度不满，渴望俄国发生一场巨大的变革来改变不合理的现状的思想却是一致的。这一共同出发点渐渐地使小组讨论的话题变得更加有针对性、政治色彩日渐浓厚。他们经常围绕俄国社会各种热点问题，如腐朽的农奴制、不平等的社会、昏庸腐朽的官僚体制、严酷的出版物审查制度等进行热烈的讨论。

这个地下革命组织，成立不久就上了警察和宪兵的黑名单。一年多来，警察暗探始终密切注意着这个小组的动态，时刻等待行动信号。不过它的名声和影响，却在警察机关的眼皮底下不断扩大。

1848年欧洲发生大革命，受其影响，一些成员甚至准备组织秘密团体，采取激烈行动推翻沙皇政府。另一些成员则相反，被这种激进的变革想法所吓倒。这样，在没有明确纲领和目标的自发组织"彼得拉舍夫斯基小组"的内部，不可避免地要产生出分歧和裂痕。这种分歧困扰着小组中的每一个人，就连彼得拉舍夫斯基自己，也开始不满起来。1848年3月，他对一位朋友抱怨那些每星期五来聚会的人："他们什么也不懂，又不想学习……不会争论出什么名堂来的——因为他们连基本概念都搞不清……"

哈内科夫有着出类拔萃的才华、激进活跃的思想、勇毅果断的性格和坚定不移的信念等优秀品质。在闹分裂这一阵，他属于"彼得拉舍夫斯基小组"里的"纯傅立叶主义者"一派。他正在积极寻求自己的支持者。

物以类聚，人以群分。通过结识哈内科夫，20岁的车尔尼雪夫斯基，开始接触到了40年代末期革命知识分子的左翼。这些处

于低级阶段的早期的秘密进行的革命宣传活动，到了 60 年代逐渐发展成为气势澎湃的思想政治运动。车尔尼雪夫斯基本人也成长为运动的领导人物。

同哈内科夫交往，还给了车尔尼雪夫斯基不少思想的养分。这位新朋友精通哲学问题，又是一个很健谈的人。他通过交谈和提供书籍，使车尔尼雪夫斯基在很短的时间里就掌握了空想社会主义学说、康德的"实证主义"、黑格尔的哲学体系以及费尔巴哈的唯物论。从那时起，车尔尼雪夫斯基便开始系统地、认真地精读原著，研究这些哲学家的著作。

哈内科夫对德国哲学没有好感，认为它太抽象、语言繁琐空洞，怪诞而难懂，实在令人生厌。由于个人的禀赋，他对这些抽象的理论实在没有多少热情。

就精神素质而言，车尔尼雪夫斯基比哈内科夫更不容易喜欢这些抽象的逻辑范畴，不过这时他还没有摆脱与哈内科夫相识前产生的对黑格尔的景仰之情。当时他以为，黑格尔宣布的真理将像火炬一样照亮一切，并给他带来泰然的内心感觉。

1848 年 10 月，他在日记中写道：

"我觉得，我几乎是个坚定的黑格尔派，尽管目前我对他的学说几乎一无所知……我感到自己对黑格尔入了迷……"

奇怪的是，后来的情况却并非如此。当年轻的车尔尼雪夫斯基更深入地钻研黑格尔的哲学之后，在没用他人帮助的情况下，就发现了黑格尔哲学体系本身的两面性。发现它在原则和结论之间、形式和内容之间，存在着深刻的内在矛盾。这样的发现，只有完全成熟的思想家才能做到，可是车尔尼雪夫斯基 20 岁时就做到了。

车尔尼雪夫斯基独具特点的深邃思想，还表现在他初次阅读《哲学原理》一书上。1849年1月底，哈内科夫把一本《哲学原理》交给车尔尼雪夫斯基，请他翻译其中的某些段落。德国唯心主义哲学体系中最薄弱的一面——即结论的反动性、狭隘性和中庸之道——没有逃出他的眼睛。这位青年当时就指出黑格尔的见解表明他没有什么新鲜东西，他的结论也难于站住脚。他"只不过是现状和现实社会制度的奴隶"。

再比如，通过哈内科夫，车尔尼雪夫斯基初次接触傅立叶的著作，通过一次谈话，他就能体察到隐藏在奇特外形下的真理性的因素。车尔尼雪夫斯基当然看到了这位思想家观点上的局限性，但他仍然相信，这一学说将无可争辩地会在历史上占有一个重要的地位。不同于哈内科夫如信仰般的激情，他对这一学说的认识是相当理性的热情，因为他早已体察到傅立叶的著作中孕育着有益的社会主义的萌芽。

由于哈内科夫的推荐，车尔尼雪夫斯基还接触到康德的实证主义哲学体系。不过这一体系留给他的印象却不美妙。"也许，这笨拙的头脑，只不过是想把社会、历史和哲学等科学纳入自己哲学体系而已。"他简要地归纳说。

从这些例子可以看到，车尔尼雪夫斯基从年轻时起就不盲从权威。他很年轻时就有敏锐的洞察力。对他来说，真理重于一切。这位优秀的年轻人，在成长的道路上得到了许多得力人士的引导，不过，在那些人完成他们的使命之后，他自己就会在他们指引的路上走得更远，发现的更多。

由于他们认识不久"彼得拉舍夫斯基小组"就被当局破坏，他和哈内科夫的交情，还没有发展成很深刻的思想联系就中断了。

假如这个小组哪怕多存在一年，以车尔尼雪夫斯基当时的状态来说，他也会遭到与小组成员同样的命运。

3. 自我牺牲精神的产生

1848年，国际风云突变，革命浪潮席卷欧洲大陆，法国巴黎于二月和六月相继爆发了革命。德国也爆发了柏林三月起义，并一度取得成功。奥地利、匈牙利也掀起革命风暴。

不过由于各种原因，燃烧欧洲大陆的熊熊革命之火不久相继被扑灭了。在法国，巴黎革命被镇压，斗争形势出现了令人失望的转折。德国国民议会议员、民主党领袖布鲁姆·罗伯特，在维也纳被奥地利军队杀害。在奥地利和匈牙利，则有俄国沙皇尼古拉一世派遣军队帮助残酷镇压那里的民族解放运动。连俄国自己，也空前加强了对国内民主思想的控制和镇压。

残酷的现实使得学生们对政治的兴趣明显下降了。彼得堡的大学里一片肃杀之气，现在很少听到有人谈论政治了。

周围的人们对政治生活所产生的逐渐增长的淡漠情绪，并未影响到正直、热情的车尔尼雪夫斯基，他仍然初衷不改。相反，他对政治的兴趣倒是越来越浓厚，对形势越来越敏感。他常怀着十分激动和忐忑不安的心情，注视着动荡的欧洲。他想尽可能全面地研究最新事态，以便从中了解正在发生的一切，了解当代人所追求的真正目标和志向。这有助于他弄清正在发生的事件的真正意义。

"的确，应当知道当今世界上发生什么事，人们在想什么，为谁担忧，同情谁、希望什么。"

年轻的车尔尼雪夫斯基发现，自己对不同事件、不同思想、大革命期间活跃在历史舞台上的不同人物的态度，爱憎反差是非常巨大的。他对这些人和事的态度，好像都与他休戚相关似的。他有时候为某些事情兴高采烈，又有时候为某些言论暴跳如雷。他崇拜、景仰革命者的勇敢行为和牺牲精神；他更无比轻蔑和憎恨那些镇压人民的刽子手们。

那些革命先驱的英雄气概和坚强不屈前仆后继的精神，极大地震撼了车尔尼雪夫斯基，他第一次产生了自我牺牲的想法。他在那段时期的日记中写道：

"假如我坚信自己的信念是正确的……说实在的，为了自己信仰的胜利，为了自由、平等、博爱的胜利，为了全体人民的富裕，为了消灭贫困和罪恶，我丝毫不吝惜自己的生命；……我相信这一切将得胜，……为此，即使我看不到胜利的日子，我也将毫不会感到遗憾，即使我不得不为这一理想而牺牲，我也将含笑而不是流着眼泪死去。"

一面是无畏的自我牺牲精神，另一面则是勇敢的斗争精神。对镇压法国、德国、奥地利、意大利和匈牙利人民运动的刽子手，他在日记中也予以愤怒的谴责："普鲁士政府是一伙卑鄙的家伙，奥地利政府也是一伙卑鄙的家伙。对于他们，这种称呼还嫌不够，我找不到更恰当的字眼，来表达我对屠杀布鲁姆的刽子手们的极端厌恶。"

这些直抒胸怀，激扬文字，何等激昂慷慨，又何等大义秉然！

这个看起来腼腆文静的年轻人，不但爱憎非常分明，而且更有开阔的政治视野和博大的革命情怀！我们可以看一下他1848年9月8日的日记：

"……先生们，你们以为问题只在于徒有共和国这个虚名，而

权力却掌握在你们手里。可是问题关键是，要使下层阶级既要在法律上，又要在物质生活上，彻底地被解放出来，不再被当做奴隶……要使他们能够丰衣足食、拥有更多的自由，……要使他们受到教育。男人不沉沦，女人不堕落。否则就是胡说八道！……"

这里，我们所能看到的，绝不是年轻人片面而不实用的激情，这里面体现着对现实问题的深刻认识，对当前社会矛盾地准确把握。

车尔尼雪夫斯基以后的整个人生历程证明，他年轻时的这些想法，绝不是昙花一现式的激情和愤怒。他早在那时就形成了为解放更多人将不畏牺牲地勇敢地斗争的想法。他坚信，"如果一个人能为崇高的目标而忘我，那么他就会为实现这些目标而去奋斗不止，没有什么会挡住他前进的脚步，哪怕是牺牲自己。"

车尔尼雪夫斯基在使得自己不断进步的同时，很早就力求解决这样一个问题——如何使自己言行协调一致，如何使自己的行为始终如一，如何使观点和生活紧密地联系起来。不久之后，他开始在小说《理论与实践》尝试解决。不过直到许多年以后，在小说《怎么办？》中，这一主题思想才得到了全面和发展。

4. "假死刑"丑剧

1848 年 3 月，当局得到详细报告说，住在彼得堡私人住宅的布塔舍维奇·彼得拉舍夫斯基"流露出明显的共产主义倾向"，他"大胆地宣传自己的主张"。"他结交甚广，周围约有 800 人，还和其中的一些人组成了社团，约定在每星期五晚上到他家聚会，人数每次总固定在 15—30 人左右。那些人的身份比较杂，军人、文职人员、大学师生都有，他们都与彼得拉舍夫斯基思想一致。

这些人凑在一起不是为打牌，而是读书、谈话和争论，每次都到半夜 3—4 点钟。"

一年以后，1849 年 4 月，彼得拉舍夫斯基小组被沙皇政府破坏。许多小组成员遭到逮捕。又过了 7 个月，已经到了寒冷的冬天，彼得堡开始有传言彼得拉舍夫斯基小组成员将被处决，接着当局在街头贴出告示，说要公开"审判"一批"罪犯"。

1849 年 12 月的一个清晨，彼得堡谢苗诺夫练兵场上。卫戍部队的士兵列队警戒，乌鸦鸦的一片，士兵们几乎站满了整个场地。他们围成一个方阵。方阵的中间，孤零零地立着一个木头搭起的行刑台，台面上覆盖着黑纱布。

尽管昨夜刚刚下了一场大雪，仍不能阻挡闻讯而来的人们。刑场的城墙上，站满着缄默的人群。

八点钟，囚犯被从彼得保罗要塞用马车押运出来了。囚车上，每个囚犯身边都立着数名卫兵，队伍前面，是手握明晃晃军刀的行刑队在开道。囚车的小窗结冰了，没法看清囚徒的面孔。

在离行刑台不远的地方，马车停了下来。几个囚犯被推下了车，排成了一排。在分别 8 个月之后，这些被捕的彼得拉舍夫斯基小组成员们，其中有彼得拉舍夫斯基、利沃夫、菲立波夫、斯佩什涅夫、哈内科夫、卡什金、叶夫罗佩乌斯、陀思妥耶夫斯基、杰布兄弟、帕尔姆……这些人都是彼得堡知识界的精英。在这种场合下，这些人见面了。他们都有些激动，互相打量对方那消瘦苍白的脸，互相点头致意，然后简短地交谈几句。

在把囚犯带上行刑台并宣布判决之前，宪兵先押着他们绕场一圈示众。在前头带路的，是个神甫，紧跟着的是消瘦憔悴而不失凛然之气的彼得拉舍夫斯基，队伍结尾的，是卡什金、叶夫罗

佩乌斯和帕尔姆。踏着厚厚的积雪，囚犯们不时轻声交谈着：

"他们要怎样处置我们？"

"行刑台边上干吗要立着几根柱子？"

"可能要把我们绑在上面，……据说军事法庭的死刑是枪决……"

……

密密麻麻的排成方队的士兵，用冷漠莫测的目光盯着每一个从他们面前走过的囚徒。

绕了一圈后，囚犯们穿过警戒队伍，踩着吱吱作响的阶梯上了行刑台。押送的士兵也紧紧地跟了上去，立刻排成队列。接着，军事法官开始喊囚犯的名字，执法官奉命让囚犯面对城墙，站成两行，再一一察看、验明正身。

尖厉的，令人胆战心惊的号角声突然划破寒空。

"举枪！"行刑官发出了命令。

"脱帽！听候宣读判决！"执法官向囚犯们命令道。

看到只有几个人听了他的命令，他没有好气地喊道："摘掉你们的帽子，听见没有！要宣读判决了！"站在囚犯身后的士兵，听到长官这么说，赶忙动手去把那些磨蹭的人的帽子拽了下来。

军法官含糊不清、匆匆忙忙地念完所有的指控词和军事法庭的判决之后，士兵们便给囚犯们穿上白色粗麻的带风帽的殓衣。神甫登上行刑台，手里拿着十字架和圣经，随后士兵抬来了诵经台。之后，神甫转向囚犯们，做了简短的布道。当他离开后，士兵根据执法官的指示，把彼得拉舍夫斯基、格里戈里耶夫和蒙别利从行刑台上带下来，分别绑在三根柱子上。每根柱子前面，早已挖好了一个坑。

先有一些士兵过来用风帽遮住他们的脸，然后，站在囚犯对面的一排士兵，一齐举起枪来进行瞄准就待命令一下，好扣扳机……就在这千钧一发的时刻，传来了鼓声，已待扣动扳机的枪口忽然间向上一抬……

一辆轻便马车正在向这边驰来，不一会到了行刑台跟前。车内出来一个传令兵，他带来了沙皇要求撤销囚犯死刑、另行发落、流放西伯利亚的"特赦书"。

于是彼得拉舍夫斯基、蒙别利和格里戈里耶夫三人被松了绑，再次带上行刑台。军事法官重新向每个囚犯宣读了最后的判决。

宣读完毕，两名身穿暗色旧长衣的刽子手，站在囚犯们的后面，被判处流放到西伯利亚的囚犯被摁下，强制他们跪倒在地，接着刽子手在他们头顶上折断佩剑，这些动作持续了约20分钟。然后几名抬着重镣的铁匠，来到行刑台中央，他们把脚镣扔在彼得拉舍夫斯基脚跟前，慢腾腾地蹲下来给这位流放罪犯钉上镣。

彼得拉舍夫斯基起初镇静自若，不动声色地站着，如平常一样习惯地歪着头。突然，他神经质地、飞快地从一个铁匠手中夺过一把铁锤，一下子坐到地上，狠狠地给自己砸紧脚镣。

一辆三匹马拉的篷车驶了过来，地上的雪被车轮捻得吱吱发响。从车里跳下来一名宪兵和一个传令兵。他们把一件囚服皮袄给彼得拉舍夫斯基穿上，又给他戴上一顶护耳帽子。由"皇上恩准"，囚犯中只他这名"首犯"将被无限期地流放西伯利亚，到那里的矿区去服苦役，现在就将从谢苗诺夫练兵场直接押送前往。

"该动身了！"传令兵催促彼得拉舍夫斯基。

"我的事还没有做完呢。"彼得拉舍夫斯基回答说。

"有事？"执法官惊诧不已。

"是的，我要跟我的同志们说再见。"

"好吧，可以，不过别磨蹭。"传令兵不满意地嘟哝道。

拖着沉重的脚镣，彼得拉舍夫斯基步履艰难，不过他仍然努力地挪动着脚步，去同他的组员们一一拥抱告别。大家的眼里都噙着泪花。

"别了，我们再也不会相见了。"彼得拉舍夫斯基最后向大家鞠躬告别说。之后，他回转身子，向马车走去。不过他又停下脚步，好像突然想起了什么。他指着自己身上的衣服，冷冷一笑，说道：

"瞧，看他们把人打扮成什么样子了！穿上这身衣服，连自己都要讨厌自己了！"

这句胆大包天的话，显然激怒了站在旁边的一位将军。他向彼得拉舍夫斯基啐了一口，又骂了几句。

"混蛋！"彼得拉舍夫斯基回敬他道，"我多么想看到你也将处在我的位置上……"。

士兵们急忙把他塞进马车。宪兵和传令兵立刻命令马车出发，他们从人群旁边缓缓驶上大路。这时不知谁从人群走出，脱下身上的皮大衣和帽子，向彼得拉舍夫斯基的马车扔过去。马车很快转到通往莫斯科的路上，越驶越快，转眼就在视野中消失了……

这幕短暂的情景，使得其余的囚犯心灵深处受到极大的震动，他们等待着当局对他们的处置。要塞司令很快宣布，他们将不直接被押解到流放地。动身前要先被送到要塞司令办公室。

"还不如把我们枪毙了好！"伊波利特·杰布对利沃夫说道。

被捕者中，只有帕尔姆一人免受惩罚。他胆怯地喊了一声"沙皇万岁！"大家反应冷淡，没有人理会他。马车过来了，囚犯们这次没有相互告别，各自坐进了囚车里……

这就是沙皇政府苦心安排的凌辱性的"假死刑"。按照惯例，所有的有重大影响的政治犯，在放逐之前都要进行一次这样的"表演"，目的是企图摧毁其革命信念、侮辱其高尚人格、消除其在群众中的声望，并向革命人民显示独裁政权的威严。

这一次，沙皇和他的仆从们挖空心思安排的假死刑表演，到此匆匆落幕了。

虽然这种"假死刑"表演很轰动，但效果未必如同官方所期望的那样。

沃尔夫糖果点心店这几日生意特别好。顾客坐满了读报室、台球室和茶点室的全部座位。因为这里可以边喝咖啡边浏览当天的报纸。人们在就当前的事件低声地交谈，不停地交换意见。人们都急不可待着向报童买最新一期的《圣彼得堡公报》和《俄罗斯残废人报》，因为那上面刊登有彼得拉舍夫斯基及小组成员们的消息。

车尔尼雪夫斯基勉强抑制住内心的激动和不安，飞快地扫视着眼手中的报纸。他看见第一版的头条刊登了如下文字：

"这是一种异端邪说，它是极端有害的，它的传播和蔓延，已经使整个西欧产生了骚动和叛乱，如果不加以控制，它还会有引起推翻任何秩序和毁灭任何繁荣的危险……"

接下来就是官方报纸上从不缺少的欺骗性的假话："据有关部门长期侦查发现，服务于外交部的九级文官布塔舍维奇·彼得拉舍夫斯基，长期图谋推翻我们的国家政体，并企图建立他的无政府制度。为了宣传他本人的罪恶意图，他组织非法团体并充任首脑，还在住处定期纠集各阶层的青年……"

报纸上还"披露"了他以及其他成员的罪行："1848 年末，除了这种定期集会，他又着手组织了一个秘密团体。莫斯科团的禁卫军中尉利沃夫、在政府部门供职的贵族斯佩什涅夫是这一犯罪活动的重要共谋者。关于组织的名称，参与者中的蒙别利建议命名为'秘密同志会'或'思想互助社'。其进一步的分工，是由利沃夫负责建立社团的结构，和斯佩什涅夫负责拟订下一步在国内发动总起义的计划。"

该文的篇末是有关部门做出的判决：

最高军事法庭审理了军法委员会提出的案件，认为 21 名被告在不同程度上都犯有罪责：他们阴谋推翻现行国家法律和国家制度，故判决处他们死刑，立即枪决……

罪犯名单第一人彼得拉舍夫斯基，最后一名是帕尔姆。第八名是车尔尼雪夫斯基非常熟悉的："圣彼得堡大学旁听生亚历山大·哈内科夫（23 岁）"。

同哈内科夫友好交谈的情景又一次浮现在车尔尼雪夫斯基的眼前。

正是从哈内科夫那里，车尔尼雪夫斯基听到了"暴动的因素"这一说法。他深信这些因素在即将爆发俄国的革命会起很大的作用。

"这些因素"哈内科夫说，"就是整个社会的不满情绪……"他热烈而有力地向车尔尼雪夫斯基论证了革命活动在俄国是完全可以发动起来的，而且等待的时间已经不很长了。"这个政府千方百计想使人民麻木不仁和沉默不语……其崩溃是不可避免的，而且已为期不远……"。

后来更使他安心的是，那天在刑场卑躬屈膝、当众忏悔的，

不是先前误传的哈内科夫，而是帕尔姆。

伟大的思想家、评论家赫尔岑是高度肯定彼得拉舍夫斯基小组的。他认为这在沙皇尼古拉统治下长大的一代人中的优秀分子是"忍受着个人心灵的巨大痛苦，却幻想着迎接全人类的幸福，并以此抚慰自己受伤的心灵。"

他这样评价这个小组的："40 年代初，我看到了它的萌芽。它发展于彼得堡，在别林斯基成名的后期，在我之后，而在车尔尼雪夫斯基之前。这个小组的成员，都是些有很好教养、极为聪明博学的人。可是他们大多数都有点神经质、病态，不能走得很远。"

如果说"彼得拉舍夫斯基小组"的成员，对俄国将来社会变革的实质，仅有模糊的认识，但是他们的启蒙作用却不可忽视。到了 60 年代，车尔尼雪夫斯基等革命民主主义者已清楚地意识到，只有通过革命的途径、通过消灭专制和农奴制度，才能使人民获得解放。

年轻的车尔尼雪夫斯基，虽然只接触过这个小组的人员，并没有参加他们的组织活动，但受到的影响却是深刻的。溪水总要流向海洋，不久，车尔尼雪夫斯基参加了彼得堡的另外一个团体"韦津斯基小组"。

六、崭露头角的大学生

1. 韦津斯基小组

"彼得拉舍夫斯基小组"案有关消息传到萨拉托夫后，车尔尼雪夫斯基的父母开始担心起来，他们忧心忡忡，不断地给儿子写信，拐弯抹角地问他是否卷入了这些问题，他们还想了解儿子交往的都是些什么人，儿子的同学中是否有人卷入风波，学校的课程进展是否受到影响等等的事情。

车尔尼雪夫斯基很快给他们回了信，答复了他们的问题。不过心神不安的母亲仍然觉得，儿子的一切并不像他在信中所描述的那样风平浪静。但是儿子却故伎重演，一再安抚她说：

"亲爱的妈妈，关于功课，某些课需要提前准备，还有的需要修改或重抄笔记，实在不值得一提。最近没向你们谈及我的朋友，因为一个新朋友也没有。至于老朋友洛博德夫斯基，我们在一、二年级刚认识的时候就写信告诉过你们了。我经常见到拉耶夫……"

父亲问他是否认识一个姓菲利波夫的彼得堡大学的学生，他因涉嫌这宗"阴谋案件"判了徒刑。儿子只好很含蓄、很谨慎地回信解释：

"……关于菲利波夫，我本人真的不认识他。有的人知道他，他在博物学系学习。听说他是因为和其他被告过从甚密才被卷入的。他觉得自己无辜却被监禁，感到非常恼怒。所以回答法官的讯问时不顾礼貌，言辞激烈。就因为这个，他才被当做危险人物，否则他本可以无罪获释。让他蹲几个月，实在是冤枉……"

可是他又觉得，信中的一些细节，只有"韦津斯基小组"的人才能知道，所以他又简单的补充道："这些是传闻，不知道属不属实，也没人说得清楚……现在这里很少有人谈及这个案件，因为大家都觉得这是一场无聊的喧嚣。在地方上，人们倒觉得它是严重的问题，凡是来到这里的人都想打听。总之，这件事情的确不值得注意……"

尽管表面平静，他的内心却一点儿也不平静。早在他在获悉彼得拉舍夫斯基等人被捕时，强烈的怒火就开始在他的心头燃烧。他在日记写道：

"这大概是最无耻、最愚蠢的事件了。这帮畜生……都应该被绞死。"

可是无论哪次家信里，他都只字不提同彼得拉舍夫斯基小组中的哈内科夫、杰布、托尔斯托夫认识，至于经常参与韦津斯基家的聚会，他更是口风不漏。

车尔尼雪夫斯基早就知道伊里纳尔赫·韦津斯基。他也是萨拉托夫人，比车尔尼雪夫斯基年长 15 岁。还在萨拉托夫时车尔尼雪夫斯基就听到很多关于这位同乡的情况。有关他的流言蜚语很多，因为他的胆子太大了，敢于第一批离开正教中学到首都去接受非宗教教育。所以有人对他造谣诽谤，有人对他横加指责。因为这

点，他的生活道路充满了艰辛和曲折。他饱经风霜，然后才有点名气，才有了一点相对安静的处境。

他8岁时便离开家，就读于正教小学。由于是在学年中间入学的，因此他对同学学过的课程一无所知。但他罕见的才能和非凡的记忆力使他很快跃入优秀生的行列。

这个男孩有着强烈的求知欲和孜孜不倦的学习精神。书本是他唯一的乐趣，他嗜书成癖，如饥似渴地阅读着一切到手的书刊，于是便接触到了大量国内外的文学作品。

小学卒业，韦津斯基进入萨拉托夫正教中学。这就是不久以后车尔尼雪夫斯基就读的那所学校。在那里，这位狄更斯作品的未来翻译者，越来越用功地钻研起古代语言和现代语言来，后来他一共掌握了7门。所有的教师都为他热爱学习的精神和丰富的知识而感到惊讶。他用拉丁文写的文章，和后来入学的车尔尼雪夫斯基一样，被装订成册，在学生中间作为范文流传。

1834年，韦津斯基从正教中学毕业后决定去莫斯科接受世俗教育。但是他没能进入大学，而是进了神学院。他对那里的课程毫无兴趣。就经常从城郊步行到莫斯科去旁听大学的课，继续提高外语和文学水平。

毕业前夕他给家人写信说他不想从事神职，也恰是那个时候他被学院开除。

1840年初，韦津斯基徒步前往彼得堡，想碰碰运气。他在那里衣食无着的过了半年，终于在27岁时进入了彼得堡大学。

命运很快使韦津斯基遇上了阿拉伯语文学教授、《读书文库》的编辑先科夫斯基。这位经验丰富又有眼力的教授对韦津斯基的才能十分赏识，就让他到编辑部工作。韦津斯基就不停地写啊写，在《读书文库》上刊发了许多译文和评论文章，同时继续他的学业。

1842 年 8 月，他以优异的成绩从彼得堡大学毕业，获哲学候补博士学位。毕业后他先在贵族团，后来在炮兵学校教俄语和语文学。

1847 至 1848 年期间，每逢星期五都有许多朋友们到韦津斯基的寓所聚会。他们谈论政治，议论俄国进行变革的必要性，讨论欧洲正在发生的事件。这个小组似乎和当时很活跃的彼得拉舍夫斯基小组的有联系。所以 1849 年春，彼得拉舍夫斯基小组出事时，韦津斯基也差点受了牵连。有人向当局告密说：

"一个偶然的机会使我知道了有一个叫韦津斯基的人，是个神甫的儿子。据说他聪明过人，但品行不端，是个无神论者……他是彼得拉舍夫斯基的挚友，但行为谨慎，因而从不参加任何社团……"。

因为侥幸，有惊无险。过去常来的一部分人又出现在他的家里。只是时间由星期五改成了星期三。谈话的内容也变得比较小心——谈出版者和杂志，谈翻译，谈学派问题，或者谈如何用笔杆子赚钱。从 1849 年底开始，车尔尼雪夫斯基每星期三来这里。韦津斯基非常欣赏他，不止一次地向大家介绍他：

"他知识渊博，有极强的分析能力，而且思路开阔、眼光敏锐、思想活跃、惊人地聪明！将来，他可能要超过别林斯基！"

2. 最初的写作尝试

一段时间以来，写作和发表作品的愿望越来越强烈地占据着车尔尼雪夫斯基的心。大学三年级开始，为了向刊物投寄稿件，

他写作得很勤劳。他相信编辑部的大门会向他敞开的，不久，他将充满自信地被邀请到那里去。

第一次投稿前，他认真研究几份重要的刊物。他假想自己不再是简单地从读者角度阅读《祖国纪事》和《现代人》，而是这两个刊物编辑。这样，他对每个细节——内容的取舍、版式的设计、铅字的型号、栏目的编排、标题的设置——都有了不一样的感觉。

此时，车尔尼雪夫斯基脑子里一个充满紧张情节的故事逐渐酝酿成熟。故事原型是从一位同乡那里听到的真人真事，内容是一个沦落到黑社会、最后被推到被告席的女青年的故事。

起先他犹豫了好一阵子，因为他不能断定采用哪种方式更适合这个题材，叙述体裁好，还是议论体裁更适合？他久久不能定夺，直到动笔好长时间。

若泽菲娜——女青年的名字——的故事，向他清楚地证明，他所持的关于现行教育制度不合理的看法是正确的。

按照这种教育制度的要求，大家都极力想向孩子隐藏生活的阴暗面。其实，应该大胆向孩子展示世界的真实状况，应当向他们解释一切。大人们要做孩子的朋友，无论如何也不应当让他们与真实世界隔绝或者回避成年人。

除了表明以上观点的议论性的前言写的得心应手外，《若泽菲娜的故事》一进入正题就写得很吃力，进展十分缓慢。出于某种考虑，他不提主人公的真实姓名，在小说中把她叫做卡济米拉，可还是担心会给若泽菲娜惹出麻烦，所以文笔始终放不开。

勉强写了一大半，他觉得那些生憋出来的文字，即让故事失去了真实可靠性，又没能创造出那种设想好了的诗情画意般的意境。实在忍受不了这种平淡无味的叙述，他便搁了笔。过些天又觉难以割舍，他就又捡起来，再硬着头皮写下去。故事终于接近了尾声。

现在，他将向着自己一生中最灿烂辉煌的事业之路迈出第一步，尽管这一步并不那么理想，可确实必要。那一天是星期三，车尔尼雪夫斯基准确地记得自己捧着小说《若泽菲娜的故事》，轻轻地叩开了《现代人》编辑部的门。

头一天晚上，他给编辑部写了一封说明小说主旨的短信，然后把誊写得工工整整的稿子，又彻底检查了一遍。

《现代人》杂志编辑部离他的住所并不远，就在车尔尼雪夫斯基经常路过的阿尼奇科夫桥附近。同许多以激动的心情期待着每一期杂志问世的读者一样，他也好几次很想窥探一眼这个神秘的地方。不过目前他还是千千万万读者中的一个，可是孰料几年之后，他竟会进入了《现代人》的编辑部，并成为该杂志的掌舵人呢？

稿子投到《现代人》以后，等候编辑部的录用通知书成了他长时间最渴望的事情。一天又一天，一月又一月过去了，稿子始终杳无消息，宛如泥牛入海。

第一次失败并没有影响车尔尼雪夫斯基的文学梦。就在确定《若泽菲娜的故事》不能发表后不久，他又产生了再写一部小说的念头。

这次的题材是洛博德夫斯基一家的不幸命运。

有一天晚上，在结束同洛博德夫斯基谈话以后，车尔尼雪夫斯基开始琢磨这个题材："究竟该写成一部什么样的小说呢？是突出洛博德夫斯基的性格，以展现此类人在世上生活的艰难图景；还是写妇女的命运；抑或描绘在生活中因种种原因不能坚持自己

信念的人们的情况呢?”他选择了后一个想法。

小说开始创作了，题目为《理论与实践》。车尔尼雪夫斯基缺乏写小说的经验，仅从标题就能看出。行文中也议论太多，情节发展不自然，人物描写公式化——小说本身并不成功。

这篇失败的尝试也是有意义的：它的主题思想和一些情节在后来的长篇小说《怎么办?》中得到了完美的发展。

小说的另一个意义，是直接显示了作者对赫尔岑哲学观念的吸收。这不但表现在主题思想，就连它的题目都与赫尔岑的《科学上的一知半解》一文的第三节的论断有关。赫尔岑在那部分提出要用唯物主义世界观的精神去解决理论和实践的关系问题，有力地证明必须将二者密切统一起来。

在文章中，赫尔岑以大量的例子来证明脱离了现实的思想是无力的，说明“言辞还不等于行动，行动高于语言”。他在行文中还引用了亚里士多德的一个论点，也就是车尔尼雪夫斯基用做小说主题思想和题目的那句话：“行动乃是理论和实践的生动统一。”赫尔岑在展望未来时写道：“也许，昔日孤陋寡闻的我们，在未来可能成为将生活与科学、语言与行为统一起来的代表。”

这就可以理解《理论与实践》与日后优秀的长篇小说《怎么办?》之间有着怎样密切的联系。

《怎么办?》所提出的问题，车尔尼雪夫斯基早在青年时代就开始思考了。《理论与实践》是他革命和政治信念刚刚开始形成时的产物。《怎么办?》则是有了斗争经验的作家的成果。《理论与实践》许多问题提得含糊不清。而《怎么办?》中却有明确的主题。《理论与实践》中所不能解决的问题，后来在他的《怎么办?》中得到了解决。

有趣的是，《理论与实践》中的主人公就是作者本人的化身。这一点，他的表弟贝平一读这篇小说就看出来了。

3. "得奖"论文与编年史词典

转眼之间，年终考试快来到了。车尔尼雪夫斯基想，如果小说不被采用，他将在斯列兹涅夫斯基教授指导下，另写一篇"得奖"的学术论文。

在教授中能像斯列兹涅夫斯基那样吸引学生的并不多。他能使优秀的学生深深热爱他教授的学科。可是，在教授中能像他那样铁面无私的人也很少。每次考完试后都有不少学生会失去对他的好感。那些最不上进的学生甚至还扬言要发动更多人一起抵制这位教授。

车尔尼雪夫斯基和科列尔金都是斯列兹涅夫斯基教授的得意弟子。他们俩都协助教授编纂俄罗斯编年史词典。两人同在1848年开始撰写争取"得奖"的论文。为此，他俩也受到同学的攻击。科列尔金对各种抨击采取充耳不闻的态度，继续与教授接近。可是车尔尼雪夫斯基则不然，他经过一段不安和踌躇后，决定放弃写"得奖"论文，但是编纂编年史词典的工作却始终在进行。

竞赛结果揭晓的日子越来越近了，车尔尼雪夫斯基非常遗憾他的选择。不但放弃得奖的机会让他难过，更因为下年度的论文题目是属于别的专业的，留给他的，只是与斯拉夫语文并不完美的告别……

2月8日，学校开学。每年这个时候，教育部长、教区督学、宗教界代表、荣誉校长以及其他社会要人都要到学校参加隆重的典礼。

　　按惯例，先由校长作上一年度的学校工作报告。接着由教授代表作学术报告。最后向论文竞赛优胜者颁发奖章。

　　整个论文竞赛的评审过程和结果，直到在开学典礼上结果揭晓前，都是保密的。这样做，是为了不伤害失败者的自尊心。于是不仅稳操胜券的人可以参加，不少抱着侥幸心理的同学也被吸引了。参赛者的姓名都用文章标题覆盖密封着。论文先由学科教授初评，再在系务会上审查，然后送交校学术委员会审批。最后是开学这一天在全校大会上当场拆封并公布获奖者。

　　这样奖励分三个档次：奖状、银质奖章和金质奖章。获金质奖章的人，可以免去以后学士学位论文的答辩。

　　"得奖"论文的作者，大多是高年级学生，他们大多知道教授喜欢什么，而且较好地掌握了所选的科目。

　　1848年2月，哲学系选送竞赛的两个"选题"分别是：编年史、波斯诗人萨迪和哈菲兹。大家起初普遍认为第一个选题的金质奖章非车尔尼雪夫斯基莫属。但是由于上文提到的原因，他已经决定放弃了。这一决定有个别人知道。但谁也不敢肯定，车尔尼雪夫斯基最后一刻是否能信守自己的声明，顶得住那枚唾手可得的金质奖章的诱惑。

　　先由斯列兹涅夫斯基教授以俄语历史概述为题做了简短的报告。之后，开始颁奖仪式。金质奖章将由科列尔金获得，车尔尼雪夫斯基事先就知道。尽管如此，听到正式宣布，他还是感到惋惜。

　　1849年校学术委员会的选题公布以后，车尔尼雪夫斯基决定写一篇题为《雅典统帅克里昂传》的文章。这年5月，最后一次学年考试也结束了。虽然没作准备，但除希腊语外，车尔尼雪夫斯基其他各门功课都得了 5 分。

大学就快毕业了，选择未来道路的问题更加迫切了。过去的一年，他曾多次试图和《祖国纪事》联系，还把苦心经营了很长时间的小说《若泽菲娜的故事》投到《现代人》，但这两家大杂志均未向他敞开大门，仍需要考虑其他出路。

问题的暂时解决，还是由于斯列兹涅夫斯基的帮助。经他的推荐，车尔尼雪夫斯基到地理学者布雷切夫身边当了一阵子助手，为这位学者摘录各种有关西伯利亚的资料。

出身于下层社会的斯列兹涅夫斯基，从自己的亲身体验和父亲的经历中清楚地认识到，平民子弟，哪怕才华横溢、有浑身的本事，想要闯出一条道路都非常不容易。尽管他们自身有着顽强刻苦和坚韧不拔的精神，但生活对他们还是苛刻的。但是如果命运之神使他们在成长道路上遇到斯列兹涅夫斯基则又是他们的大幸。所以，斯列兹涅夫斯基对车尔尼雪夫斯基的相助，以及对他未来在《现代人》杂志社亲密的战友——杜勃罗留波夫的鼓励和帮助，绝不是偶然的。

尽管后来由于车尔尼雪夫斯基和杜勃罗留波夫两人的信念、天赋和气质不容许他们囿于语文学的狭小的圈子里，他们相继"背叛"了自己的老师和学科，但斯列兹涅夫斯基对他们的影响却是长久存在的。这两个人在不同的时期都接受过斯列兹涅夫斯基的关心和爱护。两人的个人友谊的确立，先后走上了学术和文学的道路，都与斯列兹涅夫斯基的熏陶培养分不开。

车尔尼雪夫斯基是斯列兹涅夫斯基在哲学系的第一批学生。在所有的教授当中，只有斯列兹涅夫斯基留给他的印象最深刻。他认为这位教授与众不同，有着非凡的感召力，又不乏幽默感。他敢于

剖析一切官僚主义、形式主义等当局的坏作风。这位教授虽然对人严格，甚至可以说是严厉，但处事公正，待人真挚。越了解他，就会对他越尊重。更重要的是，他善于启发学生独立思考，能千方百计把最优秀的学生吸引到他所从事的学科领域。甚至连车尔尼雪夫斯基都愿意接受他的建议，一度想从事这门学科非常冷僻的斯拉夫方言研究。

那个时期是斯列兹涅夫斯基工作最活跃的时期。他为创办一本由科学院出版的斯拉夫学期刊而奔忙。斯列兹涅夫斯基告诉车尔尼雪夫斯基说，应该把论文准备好，可以在即将问世的杂志上发表。于是车尔尼雪夫斯基全力以赴编撰去年留下的那个编年史词典。

他先考虑好词典的编写体例，又试验了各种编排材料的方法，选定最佳方案之后，方动手编写。要做的事比想到的更多，工作量非常大。即使他非常刻苦，一天能为了这个词典埋头工作 8—10 个小时，要完成这项工作也得若干年。4 年之后，研究成果终于发表了。不过那时他的兴趣已完全转移到文学评论和政论方面去了。

4. 大学生活最后的时光

1850 年 1 月中旬，车尔尼雪夫斯基被督学关了"禁闭"。因为那次他没带佩剑就进了校园，制服大衣的扣子也没系好。

他不得不待在"禁闭室"里。为了分散注意力，他借着烛光写起了日记。这样寂寞的时候，他正好可以认真检视一下自己思想成长的历程。结果他发现自己近来竟然逐渐摆脱了许多矛盾和偏见，大踏步地前进了！

实际上，大约一年前他自称是"社会主义和共产主义的首倡者"。不过他那时仍然抱着超越阶级的幻想。比如对待世袭君主制。那时他天真可笑地认为，既然普天之下都是沙皇的臣民，君主也可能超越阶级偏见，去维护底层人民的利益，使社会走上通往自由和平等的道路。他幻想要在地上建立天堂。

随着一系列事件的发生，特别是枪决彼得拉舍夫斯基小组的闹剧上演之后，他才认识到以前的想法多么不切实际。他在日记本奋笔疾书：

"……现在我的想法完全改变了——君主，特别是专制的君主，完全是贵族等级的最高点，它从灵到肉，都完全是这个阶级的。犹如贵族圆锥体的顶尖……"。

"现在我对它要说：毁灭吧，越快越好！让人民开始行使自己的权利吧，在斗争中他们将成熟……"。

车尔尼雪夫斯基认识到，随着农奴制君主政体的解体，所有的阶级矛盾都将暴露无遗。他继续写道："一个阶级压迫另一个阶级，斗争迟早会发生。……被压迫者终将觉醒……革命迟早会来，我极其渴望着，虽然我知道长时间不会有什么结果。……人走路不就是摇摆晃动的吗？他每走一步都伴随着前后左右的摆动，他走过的路线是由一连串的摆动组成的。如果认为人类前进道路是平坦笔直的，可以毫无曲折地一往无前地行进，是非常愚蠢的，历史上从来没有这样的事……"

他想十分准确而又形象地表达出这一思想，就挥笔画了三条线：第一条像锯齿形，第二条是直线的，第三条是曲折回环的，绕来绕去。

"如果人类的道路能像第一条线，摆动着向前进那就好了，"他自言自语说，"象第二条的直线前进是不存在的；不过更多的

时候，人类走的是图里的第三条线……"

夏天，车尔尼雪夫斯基大学毕业了。

此时亟待解决的，不是关于更遥远的前途问题，而是毕业后到哪里去这样的简单而实际的问题：是留在彼得堡，还是回萨拉托夫？本来到彼得堡不久他就决定走学术之路，从那时到现在这个想法始终没有改变。但就目前情况看，把它变成现实有困难。母亲也早就问过他："将来准备干什么？在彼得堡情况怎样？"

毕业考试越来越近了。在考试前一个星期，车尔尼雪夫斯基听说萨拉托夫一所中学有个教师空缺。就马上着手联系了，可是一直没下文！

他的思想早已飞离大学校园。他真正关心挂念的东西，不再在校园里了。对未来强烈的信心和越来越坚强的行动的意志，已日益融合在一起了。宏伟设想在他内心渐趋成熟，他渴望能够以实际行动投入到火热的斗争中去。他利用一切机会去接近下层民众，宣传革命思想。

他在日记中写道："世世代代捆绑人们的链条不会自行断裂——要靠人们自己砸烂它；自由不会自己找上门来——要靠人们自己去争取。"

而且一有机会，他总要设法使人们相信他这一思想。他的日记中，经常有与普通劳动者推心置腹地谈心事、交朋友的记载。

谈话的对象很多，比如拾到他剑鞘的普通的农民、有和他同船渡过涅瓦河的士兵、还有 1850 年 2 月的一个傍晚送他到彼得堡市郊韦津斯基寓所的马车夫……他都能和他们交谈得十分投机。

现在，他站在新生活的门槛上，越发地感觉到，政治已经成了他内心世界的重心，并支配了他的一切志趣。当他思考未来时，他已经能预感到他毕业后若干年的情形："过几年，我将成为一名记者，或编辑，我将成为一名极左派的领袖，或者是其重要成员……"

车尔尼雪夫斯基时刻想到人民的幸福和祖国的昌盛，这种思想同他个人的理想与希望越来越紧密地结合在一起。

不论在朋友还是在敌人之中，

也不管周围是如何地喧嚣嘈杂，

在我可靠的记忆里，

庄严的思想啊，你是我唯一的！

在日记里，他怀念起大学早期的朋友米哈伊洛夫，并给他写信，与他探讨自己的去向：

"……快要毕业了，我是在彼得堡找一份工作呢，还是遇到什么干什么？……可是我能在什么地方找到一份教师的工作呢。假如找不到，我就从事翻译和写作……"

他告诉他的朋友："从 1848 年 2 月到现在，我越来越为政治所吸引，越来越觉得自己将成为一个富有社会主义思想的人。"

的确，现在他已经树立起坚定的革命世界观。他厌恶农奴制，憎恨社会的不平等，周围环境孕育了他的革命情绪，他逐渐认识到，必须竭尽全力、千方百计地为促进俄国的革命而努力。现在他除了赞成空想社会主义理论之外，同时对作为历史前进动力的阶级斗争认识更深刻了。

可他毕竟是一介书生，只能以笔杆子为武器，不可能真正拿起毛瑟枪去战斗。他开始设想将来有朝一日要秘密安装一台印刷

机。如果革命需要，就用它来印制传单鼓动人民去支持自身的解放运动。

他相信这个计划在不远的将来就会实现。他认为当他拥有了个人住宅，在经济上能够独立支配自己的金钱的时候，这个计划就能实现了。现在他觉得自己充满了勇气和力量。为了这一伟大的事业，他将无怨无悔地奋斗到底。

大学生活就快结束了。回想起四年前，他在母亲陪伴下来彼得堡时曾是那样的胆怯和腼腆；而今天，那时一个懵懂的少年如今已成为一个心胸宽广、视野广阔、有着独特人生追求的青年。虽然他只有 22 岁，可是他那广博的知识足以引起任何一个学者的羡慕。他的学识不是抽象和空洞的，相反，它和生活息息相关。

他不是一个为了学术而学术的人，他钻研过去是着眼于将来，他已经掌握了一种用知识武装起来的有血有肉的思想。

正如赫尔岑说过的："……认识过去，我们便可以了解现在；如果更深入地去探讨过去的意义，人们将能更好地揭示未来的真谛……"

最后一科的毕业考试也结束了，车尔尼雪夫斯基开始收拾行装，他为回萨拉托夫看望家人做准备。

四年前，当他初进大学校园穿上大学生制服时，他曾那样地兴高采烈；而今，他也同样感到非常欢喜，因为他即将脱掉这身制服。

他以满意的心情检视着刚刚为离开校园而添置的行头：帽子、领带、大衣、手套。

他的大学时代就这样结束了！

七、曲折的教师生涯

1. 毕业回家乡

6月15日早晨，车尔尼雪夫斯基坐上公共马车从彼得堡到了莫斯科。在那儿他将乘坐驿车回萨拉托夫探望父母。

不过在这次返回家乡的途中，他在莫斯科逗留了两天。此间他特意去拜访了克利延托夫一家。1846年他去彼得堡时曾在克利延托夫家停留过。那次亚历山德拉·格丽戈里耶芙娜曾陪同他们母子参拜了特罗伊茨基大寺院。他对她的印象很深刻。

这次他无意中得知，亚历山德拉年轻时和赫尔岑未来的妻子纳塔利娅·亚历山德罗芙娜是好朋友。他们是偶然谈到这件事的，当时车尔尼雪夫斯基在亚历山德拉的桌子上，看到有一本赫尔岑的小说《谁之罪?》，那是作者妻子赠送她的。

"您认识赫尔岑?"她问车尔尼雪夫斯基。

"怎么能不认识呢……"他热情的说道，"他是我最尊敬的俄国人，如果有机会，我将愿为他效力……"

亚历山德拉拿出这位女友写的信给他看，信末还有《谁之罪?》作者的附笔。

"你看，她的文笔，也是如此的优雅……"，她一边翻着信，一边说，"我想告诉您，她完全配得上他。"

"请别这么说，亚历山德拉·格丽戈里耶芙娜，只要知道她是您的朋友，就可以说明问题……"他回答道。

那一刻，除了对亚历山德拉的友好和怜悯之情，车尔尼雪夫斯基再次对她萌生了许多敬意。他在彼得堡读大学时就曾经想以她为原形写一部作品，现在这种愿望更强烈了。回到萨拉托夫不久他就开笔写了。题目就叫《脱手的女儿》。书名取之于生活，这部小说是写一个受父母之命而出嫁的女子的屈辱处境。

"卖出的货物，脱手的女儿！"很久以前车尔尼雪夫斯基是在和洛博德夫斯基谈话中首次听到这个比喻。它好像一滴水，却反映出一种弥漫于整个社会的不合理现象——女子地位之低贱几乎等同于减价处理商品，而且她们没有人身自由，因为家里急于使她们尽早脱手。

可惜的是世人将永远无缘读到车尔尼雪夫斯基对这一主题的精彩描写，因为他这部中篇小说未能发表，而且连原手稿也失落了。不过从他在其他地方的介绍来看，这部小说的构思和主旨，和另两部小说《理论与实践》《怎么办？》是一脉相承的。

这三部作品都有爱情和妇女解放的主题，而且有不少作者自己的影子。这种将文学与生活紧密联系起来的创作态度，不仅让我们回想起作者的那次没有结果的初恋。当年轻的车尔尼雪夫斯基爱上了娜杰日达·叶戈罗芙娜，并想到肺结核会突然夺走他的好友洛博德夫斯基的生命时，他甚至准备着，假如需要的话，他将与之假结婚，以免她再回到父亲那里去受罪。

而亚历山德拉，在车尔尼雪夫斯基看来，洛博德夫斯基的妻子娜杰日达是无法与她相比的。亚历山德拉才华出众，思想成熟。他和她谈论赫尔岑，谈论俄国文学，谈论新哲学，谈论上帝的幻想……她都能毫不费力的理解他的意思，并且能很好地表述她自己的观点。

"我和她谈话时总是抑制不住自己的热情，"车尔尼雪夫斯基感到奇怪，他问自己，"这份热情是由什么唤起的呢？"

"主要是她那不幸的遭遇，她同样有着的丰富情感，比不少男人还优秀，可是……"。这正是他在小说《脱手的女儿》里试图表现的观念。同一篇日记还记录了小说中人物的心理活动，但更像他自己那一刻的想法："'你不应该爱别人，你立过海誓山盟，许配给了死者'……'我也许情愿同她结婚……只要能使她摆脱不幸的处境……'"

与亚历山德拉·格丽戈里耶芙娜告别时，他说：

"当然，我也许永远没有机会向您证实我对您说过的一切，可是无论何时您都可向我提出任何要求，我愿意为您做一切事情。我不知道为什么会是这个样子的……除了您，此前我从来没有对任何人产生过这样的好感。"

不过上帝始终没有让他和亚历山德拉·格丽戈里耶芙娜结合在一起的意思。尽管后来再经过莫斯科时车尔尼雪夫斯基每次都主动去见她，和她交流，甚至有好几次他们一同漫步于林荫小道间谈了几个小时，并且车尔尼雪夫斯基临别时总是重复他那次表明衷曲的话，事情也总是没有进展。

在回萨拉托夫的一路上，车尔尼雪夫斯基就考虑，到了家中和父亲谈话时要尽量回避开那些"微妙"的话题——即关于宗教和政府当局的事。但是到了家，他也的确用不着要滑说谎，父亲

还是那样有分寸，关心儿子而不刨根问底，当然也就不会涉及敏感的话题。

车尔尼雪夫斯基发现这点之后，自己有时到反而谨慎地去触及一点这样的问题，他觉得到可以和父亲谈谈。不过老人家对这类问题不大懂，因此也就不能觉察儿子在思想信念上发生了这么多深刻的变化。

可是一出门，到了中学同学和熟人当中，车尔尼雪夫斯基就随便多了。他坦率地向大家介绍他的那些近乎异端的想法。一位年长的思想极端保守的老熟人的回忆录中记录了他和车尔尼雪夫斯基的一次谈话：

"那是 1850 年夏天的一天，"他写到，"他来到我这儿，我第一眼就发现他变化很大：原先稍微有点驼背，现在变直了；以前腼腆安静，现在则双目有神，说话好用手势，神情比以前剽悍豪放的多。我们握了手之后坐下来闲谈。"

"……这位贵客以敏捷的目光扫视了一下我的住处，似乎在寻找什么。忽然他指着屋角的那尊圣像，问我说：

'伊万·乌斯季诺维奇，怎么您还是照老样子生活？'

'是的，还老样子。'

'还为沙皇祈祷吗？'

'祈祷。'

'还到教堂去给神像上烛？'

'是的，还去。'

他听我说完，好像开导式地对我说：

'不要再按古老的传说生活了，科学很快将代替宗教。人们将只承认经过实践验证的东西……'

我立刻反问他：

'难道圣彼得堡大学就给您这种教育？'

'这种教育难道不好么？'这个家伙激动起来，接着讲了一堆他那些听起来非常激进的想法……"

2. 求职彼得堡

车尔尼雪夫斯基在家乡待了一个月，便又准备动身前往彼得堡了。这次他的表弟贝平将和他一路。在喀山大学念了一年，贝平想转到彼得堡大学继续学习。他们必须途经喀山，因为贝平得去喀山大学办理转学证明书。

他们乘的是普通马车，很慢，而且每逢驿站都得换马。母亲不顾儿子的反对，硬给车上装了大量甜食、核桃和罐头果酱。要与儿子再一次离别，她满怀惆怅，使劲地爬上马车挨着儿子坐着，说道：

"我要是能和你一起去莫斯科多好啊！不过也没什么，我很好，很平静……"

母亲的忧伤，顿时使车尔尼雪夫斯基的心头涌上一股惜别之情。这次告别对他来说一点也不像四年前的有母亲陪护的那次离别。亲人们送出了好远，大家才含泪分别。直到他们已经走出两俄里，还看到亲人们在路口望着他们。泪水开始模糊了车尔尼雪夫斯基的眼睛，他觉得自己有些冷酷，实在不该让父母留在萨拉托夫遥遥无期的牵挂他，为他担忧受怕，这是个儿子应该做的吗？他觉得自己像个恶人，恨不得马上往回走。他的这一矛盾心理，直到他想出将来还有回萨拉托夫的可能，才渐渐平息下来。

那篇记录心声的日记中是这样写的：

"……我思绪万千，不能平静，足足走了两站路，我的脑子里终于冒出了一个想法：到喀山我将提出申请，要求分派我到萨拉托夫当老师。我觉得完全可以这样做。这样一想，我心里才算平静了。"

到下诺夫哥罗德城，他们在米哈伊洛夫家逗留了两天。与久别的车尔尼雪夫斯基重逢，米哈伊洛夫高兴极了。他以极其兴奋的心情回忆起在彼得堡的学习生活，他说他初到彼得堡时生活得很阔绰，先租住大房子，后来情况逐渐不妙，就换了小房子，到后来父亲去世后没人给他寄钱了，他只好辍学回下诺夫哥罗德住下来。凭借在盐务局做高级官员的叔父的帮助，他先到那里当了一名录事，两年后擢升为十四品文官，现在已经是科长了。官场的浮躁和小城市平淡无味的生活一点也没窒息米哈伊洛夫的才情，他对文学的兴趣丝毫不减当年，经常有作品和翻译发表在地方报纸上，偶尔也发表在《莫斯科人》杂志上。

下诺夫哥罗德的生活为米哈伊洛夫写作生活小说和讽刺剧提供了丰富的素材。在那短短的两天里，米哈伊洛夫为他们朗诵了自己创作的喜剧《大娘》，《值班》和小说《亚当·阿达梅奇》的头几章。车尔尼雪夫斯基则向他谈了自己去彼得堡的计划，希望通过考试能在那里找一份工作。离开下诺夫哥罗德时，车尔尼雪夫斯基带走了他好友的几篇小说，以便去韦津斯基那里好推荐他。这些小说后来都发表了，米哈伊洛夫也由此很快成了名。两年后他便离开了下诺夫哥罗德，再赴彼得堡，在那里开始专心地致力于文学和革命活动。

到了莫斯科，他们停留了几天，等买到了价钱最便宜的公共马车"敞座"票之后，他们就启程去了彼得堡。路上，车尔尼雪夫斯基滔滔不绝地向贝平介绍彼得堡大学，介绍自己的友人，介绍学校里那些著名的教授，他还为这位未来的语言学家背诵了密茨凯维奇的诗歌和克拉列德沃尔手稿的精彩部分。他的语言生动风趣，能够边朗诵，边翻译，边解释。这让他的表弟觉得一点也不枯燥。这样走了两天两夜，8月11日，他们到达了彼得堡。

第二天一早车尔尼雪夫斯基就去见韦津斯基，请他在军事院校帮忙谋一个教师的职位。

要取得这样一个职位，在有人引荐之后，还要通过试讲。这项考核由教师和督学委员会成员集体完成。他们给他的两个题目是：语法——《造句方法论》；文学——《文学理论与写作技巧的关系》。

车尔尼雪夫斯基引用了学术界最新研究成果，对试讲进行认真的准备。值得注意的是，他试图在唯物主义的哲学立场上来阐明文学的理论。讲稿没有保存下来，但从他1850年底寄给米哈伊洛夫的信中可以推断，别林斯基在《祖国纪事》杂志上发表的那些文章就是讲稿立论的基础。后来，这些讲稿又进一步升华成他著名的硕士学位论文《艺术与现实的审美关系》。

9月15日，车尔尼雪夫斯基在军事院校的专家教授面前发表了这篇演讲。那天晚上在座听讲的20多人都公认他开头部分讲得很出色，所以没等他讲完就很快给予了肯定。他本来准备一步展开阐述，好痛击一下那些陈腐的艺术理论，但竟没得到机会。不过回头试想一下，如果他真的全讲完了，那些观念保守的人士还

能给他好评吗?

就这样,他轻松地成了彼得堡第二武备中学的一名教师。

确定到武备中学工作之后没几天,一次他到彼得堡学校图书馆还书,学监菲茨图姆看到他就问:

"你住在什么地方?明天你一定要到督学办公室去一趟。"

车尔尼雪夫斯基满以为是要谈表弟贝平转学的事,就信口问道,"督学找我为的是什么事?"

"你不是申请萨拉托夫中学吗?办公室接到公文,说可以提供职位。"

听到这个,车尔尼雪夫斯基丝毫没有感到高兴。虽然从萨拉托夫离开家时他是那样难过,但来到彼得堡住上一段时间后,就与那里难舍难分了。这倒不是因为彼得堡繁华有趣,而是在彼得堡他可以找到精神的自由,可以找到自己未来从事的事业。他现在把一切希望都寄托于彼得堡。认为离开了它就是放弃理想与追求。

现在他一心想留在彼得堡,决定故意找借口迫使督学搁置这件事,就告诉督学说他暂时没钱回萨拉托夫。此外他还提出要以破例免除再次考核手续作为前提。满以为督学不会同意,可出乎他的预料,督学竟完全接受了他提出的这些条件。1851年正月,文件下达,任命他为萨拉托夫中学的语文教师。

3. 重返萨拉托夫

一切退路都被切断了。车尔尼雪夫斯基别无选择,只得再回萨拉托夫了。3月12日,他搭乘一位叫做冈察洛夫的教师的马车,和另一位旅伴米纳耶夫一同向萨拉托夫方向进发了。

　　米纳耶夫原来是个军人，服役期满后任文职军官。他酷爱文学和绘画，经常有作品发表在《读者文库》和《画刊》上，车尔尼雪夫斯基是通过参加韦津斯基小组和米纳耶夫熟识的，在韦津斯基家他们常见面。彼得拉舍夫斯基案件中，他当时也受到审讯。

　　有一次，车尔尼雪夫斯基亲耳听到，米纳耶夫在韦津斯基家里大讲"沙皇的残忍和暴虐"，并宣称希望看到"敢于牺牲的勇士去杀死他"。这件事仅仅发生在彼得拉舍夫斯基小组被镇压后不几个月。就凭这个，车尔尼雪夫斯基便觉得，这位米纳耶夫自己也够得上勇士。那次聚会后，他还亲自上门拜访了米纳耶夫，并以极大的兴趣听他讲在军队和地方的各种见闻。后来，车尔尼雪夫斯基还把一本赫尔岑的小说《谁之罪？》借给他阅读。

　　米纳耶夫虽然比车尔尼雪夫斯基大二十岁，但对这位青年人却相当敬重，他们无所不谈。现在他们成了旅伴，就更是大谈特谈了。一路上他们不知疲倦地讨论有关共产主义，西欧革命浪潮以及宗教问题等。到旅途结束时，双方都有收获。

　　春季一天比一天暖，道路很快就要翻浆，途经莫斯科，他们只停留了几个小时。车尔尼雪夫斯基同亚历山德拉·格丽戈里耶芙娜这最后一次的见面时间很短。他了解到她唯一的妹妹也已出嫁，只剩下她一个人形影相吊了。他更加同情她了，告别时他一再邀请她去萨拉托夫。

　　到了下诺夫哥罗德，因为米哈伊洛夫不在家，车尔尼雪夫斯基没有看到他的朋友。

　　在好多天的长途跋涉之后，终于在4月上旬的一天，车尔尼雪夫斯基回到了萨拉托夫城。

　　因为正值假期，他没有马上到中学去上班。

头几天他忙于熟悉环境，去拜访未来的同事，看望老同学，和旧友见面……

对家人对朋友，他都不隐讳自己的想法——他不打算在萨拉托夫扎根。他告诉他们他不会长期待在这里。萨拉托夫中学是一个过渡——机会成熟，他仍会再赴彼得堡。

回到家乡大约两个月，他在给米哈伊洛夫的信中就写道：

"您觉得下诺夫哥罗德城太偏僻，我觉得萨拉托夫有过之而无不及。不过，我并不伤感，寂寞和悲观，因为人越少，娱乐活动就越少，自己的工作就能更快地结束，而一旦把事情结束，我便可以回彼得堡。当我再回来时，就会老成的多……"

的确，在很多人的眼里，车尔尼雪夫斯基只不过是个毛孩子。就在数月前韦津斯基推荐他时，那个校长还说："怎么能让这样年轻的人去上课呢？他看起来比学生还小。"在他到武备中学执教不久后，那里的学生还有一次在课堂上"胡闹"，原因也是他太年轻。

斯列兹涅夫斯基一直关心着这位高材生的成长。还在离开彼得堡之前，斯列兹涅夫斯基就同车尔尼雪夫斯基商量好，到萨拉托夫以后要尽快继续编年史词典的编撰工作。编完词典，就准备学位论文答辩，将来好从事大学的学术研究。斯列兹涅夫斯基还建议他到萨拉托夫后，去拜访一位被放逐到那里的基辅大学的副教授——多部俄国历史优秀著作的作者尼古拉·伊凡诺维奇·科斯托马罗夫。

科斯托马罗夫才华横溢，著述颇丰。他因在基辅参加了基里尔—梅福季协会——一个主张斯拉夫人团结成民主联盟的秘密政治组织被捕。在彼得堡要塞被囚禁一年后，于1848年6月开始流放到萨拉托夫城。

回到萨拉托夫，车尔尼雪夫斯基很快便去拜访这位著名学者。

科斯托马罗夫已将近34岁，已被流放到此地好多年，现在和原是农奴的母亲住在一起。他本人当时虽然在省公署里挂名当译员，其实却没什么可翻译的。车尔尼雪夫斯基和他很快就熟悉了，经常去他们家。他俩在一起，时而心平气和地探讨学问，时而热烈地争论。有时也下下棋，或同去郊外散散步。

那段时间，他们来往密切，无话不谈，几乎天天见面。虽然科斯托马罗夫年龄比车尔尼雪夫斯基大得多，他却能同车尔尼雪夫斯基非常谈得来，他信任这个年轻人，当然会把自己的境况遭遇、想法打算以及曾参加过的基里尔——梅福季协会的详细情况讲给后者听。

科斯托马罗夫非常热爱自己从事的历史科学。他等待着当局有朝一日能允许他到省城去居住，因为那里有着比萨拉托夫好一点的学术氛围。不过他更渴望能回原来的部门。现在他被剥夺了心爱的工作，时常感到苦闷。他试图从事写作，但一想到作品不会得到发表，就不免心灰意冷起来。比如他写过乌克兰人民反对波兰贵族解放战争的领导者波格丹·赫梅利尼茨基的传记，竟被书刊检察机关把它删削得毫无价值。他不想破坏自己的著作，就一直把它保存在自己的手里。从此他好久再不想写任何文章……

科斯托马罗夫是一位优秀的历史学家，车尔尼雪夫斯基在他后来主编的《现代人》杂志上，多次给予科斯托马罗夫的历史著作很高的评价。甚至在车尔尼雪夫斯基临终前不久，在他翻译的韦伯《世界史》俄译本第十一卷的附录中，还引用了科斯托马罗夫里的相关论述。并注释说："德国学者认为科斯托马罗夫是俄国当

代历史学家中最卓越的一位，我认同他们的看法，的确，他的著作很有价值，希望相关领域的青年人能细心地研究他的观点。"

那么，到底是什么东西使得车尔尼雪夫斯基对科斯托马罗夫的历史观发生兴趣呢？他认为哪些因素是可取的，又有哪些是他反对的呢？因为我们知道，他们两个人后来分道扬镳了。

科斯托马罗夫是俄国第一批注意到人民在历史发展中巨大作用的历史学家之一。他热爱民间的创作，孜孜不倦的搜集历史歌谣、神话传说等民间创作的宝贵遗产，他能深入研究人民的生活——车尔尼雪夫斯基认为这是他历史著作有价值的根本原因。

另一方面，正如车尔尼雪夫斯基在论述科斯托马罗夫《自传》一书中提到的，这位历史学家的某些因素使他感到亲切，而《自传》作者的政治观点却和这位未来的"农民民主主义者"领袖的革命的唯物主义世界观大有分歧。

这种分歧不是后来才有的，而是在他们交往不长时候就显现出来，科斯托马罗夫在其日记中有如下的记述：

"……车尔尼雪夫斯基为人质朴、谦虚、厚道，知识渊博，思想敏锐、才华超群，富有感召力……命运使我们交往甚密，友情甚深。可我们的信念却不完全一致，我们互不相让，经常争论。我们的友谊从萨拉托夫持续到彼得堡，直到大学生游行示威引起的事件之后我们才彻底分手……"

是的，他们两人在政治观点上当时就有明显分歧，这导致他们日后关系破裂。但友情归友情，信仰归信仰，每个人的人生都不可能完全和别人一样。我们也会看到，认识这位渊博多识的学者，对车尔尼雪夫斯基的成长还是很有好处的。

4. 登台当老师

车尔尼雪夫斯基开始到萨拉托夫中学当老师了。

在来这里之前，他已经积累了不少教学经验。读大学的时候，他曾在一个叫沃罗宁的大官家当过家庭教师。不久前他又在彼得堡第二武备中学教了三个月。所以到萨拉托夫中学完全能够就轻驾熟。这所中学的学生大都颇有教养，行为举止文明有礼，对老师也能尊敬。他很有工作热情，觉得自己应该帮助这些孩子健康成长。

至于对老师的看法，那就不一样了，他是这么说的：

"那些人既可悲，又可笑。他们就像大学里的那些混子，不学无术。除了上课的练习本，这些人几乎对什么都一无所知。只有几个还算多少有点文化修养，其余都和没有尝到智慧树上的果子的亚当一样。"

"智慧树上的果子"是来源于《圣经》的典故。说的是伊甸园中有一棵苹果树，凡吃了树上果子的，便能和上帝一样会辨明善恶是非。人类始祖亚当在他妻子夏娃的唆使下违背神命，共同偷吃树上的果子，结果一下子变得心明眼亮，能辨善恶了。这使得上帝耶和华大怒，把他们驱出伊甸园。

车尔尼雪夫斯基的到来，就像一缕清风吹进了封闭了很久的空气沉闷的老屋子，令那里面的一些年轻学生倍感欢欣、兴奋。他上头几堂语文课就很新颖，他以生动的、引人入胜的语言来详尽地分析俄罗斯文学的名篇，使得学生们一个个惊异不已，大开眼界。在他的课堂上，学生的人格很受尊重。他们可以开动脑筋，畅所欲言，而不是被强迫着死背硬记陈腐的课本。

50年代，成为车尔尼雪夫斯基的秘书，并为《现代人》杂志

撰稿的他当时的学生沃罗诺夫回忆到：

"他朗读茹科夫斯基的诗，给我们留下了即美好又深刻的印象。使得我们这些富于幻想的孩子，一下子喜爱上了茹科夫斯基的诗作。他的朗读水平非常出色，充满感情。记得我们听完他朗诵童话诗《鲁斯捷姆和佐拉布》，感动得都哭了。"

另一个名叫扎列斯基的学生在回忆文章中也特别肯定车尔尼雪夫斯基的朗诵水平，他说他的老师能进入人物的角色，还会根据不同的内容变换声音、语调和手势，就像在亲身经历作品的事件一样。他经常给学生们朗读的有果戈理的《钦差大臣》冈察洛夫的《平凡的故事》和茹科夫斯基的一些诗歌等。他还特别喜欢给学生分析普希金、果戈里和莱蒙托夫的作品，而且这些分析常常是很深入的，经常涉及一些关键的社会焦点问题。

他还不局限于课本，抓住一切可运用的机会，给学生补充许多新内容和相关知识。

他启发学生思考，引导他们去主动了解生活，他还和学生一起通过剖析他们自己作文的优缺点来培养他们的独立思考能力。他更经常列举一些例子，向学生们说明一切优秀的文学现象都是与人民的生活实践紧密相连的。

他认为，一个教育工作者的职责，决不能仅限于在课堂上传授知识。他们最重要的任务是用先进的世界观武装学生的头脑，使学生具有正直崇高的信念和良好的社会实践能力。他自己同时也是这一理论的践行者。比如在讲授进步文学作品时，他有意联系到法庭的不公正、农奴制的残酷、教育制度的落后等等的现实。这些引申使学生从中了解了许多新东西。

车尔尼雪夫斯基不满足于只在课堂上进行教育活动。他有时还邀请高年级学生到家里，借给他们书阅读。科斯托马罗夫同他们一道谈历史、谈文学。如果科斯托马罗夫来，就由这位历史学家组织小型座谈会，让每个学生发表看法，各抒己见。

如同一个辛勤的园丁，他付出无数的心血和汗水，在学生们的心田里播下了真理的种子。学生们非常喜爱他，尊敬他，每次都迫不及待地等待他上课。在他的课堂上，连最调皮捣蛋的学生都竖起耳朵注意听。沃罗诺夫在回忆文章里记录了当时的情况：

"车尔尼雪夫斯基每天课后回家，身边总是跟着大群学生。他同这些孩子一路上说说笑笑，对他们关心有加，他了解他们家人的健康情况，知道他们的住址。他同每个到家门口的孩子握手告别。夏天，傍晚时分，车尔尼雪夫斯基总要出去散散步。如果什么地方有学生在嬉戏时，他也去和他们一块儿玩。如果累了就坐到树墩或木板上同孩子们聊天……"

正如不是老屋子里的每个人都喜欢有飒然而来的清风一样，这所中学也同样有保守势力，而且是强大而顽固的。这些人的代表就是校长梅耶尔，那是一个迂腐而专横的家伙。他对上司总是百依百顺，看风使舵，对教员和学生却粗野暴躁，动辄发火。他还爱摆架子，在俱乐部决不同官衔在五品以下的人打牌。在他的统治下，校方奉行专制主义。教材内容不允许加进一点新东西，教学方式陈旧老套，一味强迫学生死记硬背。学生被辱骂、鞭打是家常便饭，体罚泛滥成灾。

梅耶尔严令教师只能在上司规定的框框内讲课，决不许有半点新思想和新方法。新任教师车尔尼雪夫斯基的这种对旧教育制度离经叛道的行为，当然要引起以他为首的顽固势力的憎恨和反对。

车尔尼雪夫斯基不可能不和这样的校长发生摩擦。一次梅耶尔发现这位语文教师上课不按照规定的程序，就当着学生的面告诉学监，让他转告车尔尼雪夫斯基改正。

后来，他发现车尔尼雪夫斯基上课的内容也超出教务主任划定的范围，在课堂上给学生讲解果戈理、普希金和莱蒙托夫的作品时，就亲自监视他。上语文课时，梅耶尔经常悄悄地站在教室门外，从门上的小窗口窥视里面的动静。有时他还干脆闯进课堂，直接打断正在进行的教学活动。

有一回车尔尼雪夫斯基正讲到精彩处，梅耶尔突然推门进来对他说：

"别讲了，请提问学生。"

"我还没有讲完；"车尔尼雪夫斯基不卑不亢，"首先应把课讲完，然后才能按您的要求提问学生。"

梅耶尔不满意车尔尼雪夫斯基的回答，一言不发，转身便走出教室……

后来再看到梅耶尔走进教室，车尔尼雪夫斯基便停止讲课。几十双眼睛齐刷刷盯住梅耶尔，他一下子觉得很狼狈，就说：

"您怎么了？继续讲啊。"

"不讲了，我累了；学生也累了，让他们休息休息吧……"

那次两人几乎要吵起来。

口头考试时，校长对车尔尼雪夫斯基班里的学生故意百般刁难，压低分数。车尔尼雪夫斯基知道校长之所以挑剔他的学生，实际是针对他自己的，就向他提出强烈抗议。甚至不等考试结束，他就愤然离开考场。

不久，萨拉托夫城里开始传言，说车尔尼雪夫斯基在课堂鼓吹极端思想。

这种谣言应该出自梅耶尔。因为他曾不只一次说：

"看，车尔尼雪夫斯基简直是在搞自由化！他公开给学生讲自由思想，鼓吹什么法国革命，因为他我可能会被送到堪察加半岛的！"

的确，车尔尼雪夫斯基对政治充满了热情，他不放过每一个宣传他自己思想的机会。在给米哈伊洛夫的信中，他借用席勒的《理想》中的皮革马利翁的形象来传达自己的热情：

他（皮革马利翁）迷恋上了自己雕出的，
美丽冰冷的，石头刻成的少女。
冰冷的石头啊，无数次被火热的怀抱温暖。
爱情痛苦的声音，竟能使顽石点头。
看，那石像，竟为爱而活，
她苏醒了，微微在动，面色红润……

从这一比喻可以得知，车尔尼雪夫斯基虽然经常不被理解，却不气馁。他坚信"精诚所至，金石为开"，仍继续努力，相信自己理想的雕像也将总有一天会"苏醒"。

可是，压力越来越大，难以实现自己抱负的工作，保守压抑的环境，还是使他无法忍受了。与此同时，彼得堡也更加使他魂牵梦绕起来。因为在那里，他可以在文学和报刊方面施展自己的才能。车尔尼雪夫斯基越来越清楚，他得离开这所中学了。

1853年春天，因为个人生活的变化，车尔尼雪夫斯基最终离开了这所中学，并于几个月后告别了萨拉托夫。

八、移家彼得堡

1. 一见钟情

同未来的妻子奥莉佳·索克拉托芙娜·瓦西里耶娃相识以前，车尔尼雪夫斯基有过几次恋爱的想法。曾经有一段时间他爱慕过娜杰日达·叶戈罗芙娜，后来又对亚历山德拉也产生过类似的感情。回萨拉托夫一年以后，有一段时间他还爱上过自己学生科贝林娜的姐姐。虽然他很主动，但人家总回避他，因为他们之间有一条难以逾越的鸿沟：科贝林娜在城里的父亲地位显赫，而车尔尼雪夫斯基只不过是一个中学教师。

不过，认识奥莉佳之后，以往所有的爱恋之情都变得黯淡无光了。从那时起，他的情感世界便被他和奥莉佳所产生的强烈爱情占据了。

那是 1853 年 1 月 26 日，在贝平的一个远亲——萨拉托夫消防队长阿基莫夫的家里。车尔尼雪夫斯基奉父母之命去参加的命名日晚会上，他们相识了。

晚会上，车尔尼雪夫斯基被一位他不相识的年轻姑娘深深吸引。

别人给他介绍说，她就是奥莉佳·索克拉托芙娜·瓦西里耶娃——萨拉托夫一位医生的女儿。奥莉佳这个名字他早就有深刻的印象，一位熟人曾告诉过他这个奥莉佳是个激进分子，她曾经在一次晚会上大胆地高举起酒杯，提议大家"为民主干杯"。就这事使车尔尼雪夫斯基一下子记住了她，在那些孤独的日子里甚至还幻想过这个奥莉佳可能是他的知音。

现在他终于和奥莉佳不期而遇了。在他看来，这个活泼、爽朗、落落大方的 19 岁姑娘，的确有一种与众不同的独特之美。他一下子觉得他们将会有共同语言，将可以成为生活和事业的同路人。

起初他半开玩笑地，而后是越来越直接地向她倾诉自己的感情：

"让我坦率的告诉您吧，我对您产生了强烈的好感，因为您的确具备着我希望您具备的品质。"

无论在翩翩起舞时还是在休息的间隙，车尔尼雪夫斯基总要抓住机会继续向她倾诉衷肠，要她相信他真诚的爱意。

"如果您不相信我是真诚的，那就给我机会，让我证明我是真诚的，"跳方步舞时，他边舞边坦率而又大胆地对她说，"请您给我一个能作这样证明的机会。"

虽然车尔尼雪夫斯基曾有过恋爱的想法，但他绝不是随意玩弄感情的纨绔子弟，而是个谨慎又大胆、冷静又热情的青年。他初次见面就一见钟情的表现，在奥莉佳看来是否有点轻率和唐突呢？后者回忆说，他那天晚上的举止使她深感惊异。第一次见面就求爱，使她觉得这位中学老师有点过于鲁莽，甚至感到自己被侮辱。但她还是装着若无其事，尽量把它当成玩笑，心情才平静。

　　但用开玩笑来对待真爱是不恰当的。谁又能用真心的爱与别人开玩笑呢？

　　多年以后，车尔尼雪夫斯基在分析自己敬爱的作家果戈里的性格时写道：

　　"他性格复杂，直到现在还有很多令人费解的地方。但是谁都不能否认，他性格豪爽、为人热情、精力充沛，这是他最显著的特点。……对别人来说那些很轻易地事情，对他来说就不能放过去。男人，有哪个不追女人？女人，有哪个不卖弄风情？但也有不拿爱情开玩笑的人……"

　　车尔尼雪夫斯基是这样评价果戈里的，其实他自己也是这样一个人。在爱情来临之前，他无限渴望爱情；当爱情来临时，他又能紧紧抓住爱情。第一次的爱情对他来说是唯一的，他保持了一生。即使这种感情在以后的岁月里经历了许多考验，但他一点都没有动摇过。

　　第一次见面后不久，车尔尼雪夫斯基从熟人那里得知奥莉佳和母亲关系紧张，哥哥对她也不好，她一直为家里的处境所苦恼。于是，他更加同情她，为了帮助她摆脱家庭的束缚，他产生了尽快和奥莉佳结婚的想法。在对待婚恋的态度上，车尔尼雪夫斯基也显示出了对他人的关爱。他说："各种艰难和不幸都会激起我的同情和关注。比如叶戈罗芙娜和亚历山德拉，这是我真心喜爱过的两个人。这种喜爱的产生，更多是由于是他们境遇的不幸，需要有人与他们同甘共苦，我是一个愿意为别人分担忧愁的人……"

2. 婚姻大事

他很快下定了决心。2月19日，他向奥莉佳正式求婚。

"恕我直说，您可以笑话我。您该考虑出嫁了，我虽然没有权利这么说，但我还是想说。你在家里的处境，太难了。"

"是的，的确如此。在我小的时候，生活还有不少欢乐。现在我则努力什么都不想，你知道，家人的态度，只能给我痛苦。我那些快活的表现，其实不是真的，只是强颜欢笑……"

奥莉佳同样坦率地、毫不隐讳地向他倾诉。

这次他们除了像别人一样表白爱情，谈婚论嫁之外，还另有一番严肃而又沉重的谈话。因为车尔尼雪夫斯基知道自己将来要做什么，会面临怎样的命运，他深爱着奥莉佳，不能不对她说——好让她有选择的余地或有心理准备。

"奥莉佳，请听我说。这里，在萨拉托夫，我找不到方向，感到迷茫。再有，我不能在这里结婚，因为在这儿永远没有按照自己的想法来安排一切的可能。尽管妈妈非常爱我，也会爱我的妻子。但我不喜欢家里的规矩。所以，我想去彼得堡。"他顿了一下，看了一眼奥莉佳，接着说，"当然，到那里之后，我要不停地工作，会很忙的。再说，一开始我将一无所有，怎么好携带家眷呢？"

车尔尼雪夫斯基想到的不只是这些困难，他还要把心中最忧虑的事告诉她：

"我不愿卑鄙可耻的把另外一个人的一生和我自己的命运硬捆在一起。我不知道自己是否能长久地享受生命和自由。我曾经传播的激进思想，将使我可能要随时被弄到彼得堡，被投入监狱。

没人知道我将会在那里待多长时间。"

"我知道，这些我听说过。"

"我不想放弃这些思想。但可能随着年龄的增长我会变得冷静些，不过这也很难说。"

"为什么呢？难道真的就不能改变？"

"我生性如此，所以我无法摆脱这种思想，它使我对周围的一切都不满意。连我自己也不知道何时我会冷静下来。目前的情况是我的这种倾向正在加强，越来越成为我生活的一部分。总之，我随时迎接宪兵的到来，就如同一个虔诚的基督教徒等待最后审判一样。再说，国家一旦发生革命事件，我一定会参加的。"

"怎么发生呢？"她几乎笑出声来——她觉得他的这种说法太离奇了，简直不可思议。"关于这些，您是很少考虑，还是压根儿没考虑过呢？"

"压根儿没考虑过。"

"这事迟早会发生的。群众对苛捐杂税，对官僚、地主以及当局的不满情绪正在日益增长。只消有一点儿火星，就能使一切燃烧起来。况且现在，知识分子中敌视现存制度的人也开始多了。这样，火种也准备好了。问题只在于点燃的时间。也许很快，也许 10 年……一旦燃烧起来，尽管我生性胆小，也会参加的。"

"与科斯托马罗夫一起参加吗？"

"未必，他太高雅，太诗人气，他怕脏，怕淋漓的鲜血。而我，就不是这样，一切都吓不倒我。"

"也吓不倒我！"她脸色红润，不假思索地说。

"可是你知道事情的结果会是怎样吗？不是服苦役就是判绞刑。这就是我不想把别人的命运和自己硬捆在一起的原因……"

听到这里，她的神情显得有些苦涩。可他接着说：

"母亲的命运已同我联结在一起了。她经受不住这种折磨。看，你听了这些话都感到苦恼，可是我仍将成年累月的讲。因为除此之外我不知该说些什么，做这种人的妻子，等待她的将是什么呢？您知道赫尔岑吗？我给您讲个例子吧。"

"知道。"

"他很富有。他爱上了一个在一块儿学习的姑娘并很快结了婚。可是婚后不久他就被宪兵抓去在监狱关了一年。他的妻子因怀孕期间担惊受怕，结果生下的孩子又聋又哑。她的健康也被毁了。赫尔岑被释放后，必须以妻儿要就医为理由离开俄国，到了法国，可是法国的皇帝路易·拿破仑想为沙皇效劳，就又逮捕了赫尔岑并将他遣返俄国。他的妻子因此而昏厥。看，这种人带给了妻儿怎样的命运！我没有同赫尔岑一样的才华，却有着与他同样激烈的思想，因此，等待我的……"

奥莉佳并没有因他的这些警告而动摇，她也不是不知道她所选择的这个人会给她带来危险。不过她最希望的是随着时间的流逝，车尔尼雪夫斯基也许会改变观念。她想，既然已经深爱着他，就不再犹豫了，如果一切意想不到都发生，她也将接受命运的安排。

尽管彼此作了充分的思想准备，但他们对未来的估计还是不足——日后他们所面临的艰难痛苦的考验——要远远超过赫尔岑夫妇经受过的。

那次他们商量好，开春后车尔尼雪夫斯基将先到彼得堡几个月，尽快安排好自己的事情再回来接她。但这个计划很快又改变了，因为奥莉佳实在太苦恼了，她同母亲及哥哥的矛盾扩大，在

家实在难呆。于是她直截了当地表示要尽快结婚，婚后同丈夫一同去彼得堡。

车尔尼雪夫斯基的父母很反对这门婚事，因为他们听说那个姑娘过于活跃。一贯顺着父母，不惹他们生气的车尔尼雪夫斯基，这次却无法再依从他们。不过这些理由也是很充分的，在日记里他是这样表明自己态度的：

"我在婚姻问题上的选择，他们无权评判。因为他们对家庭，对婚姻，对夫妻关系，对家务和生活方式的理解都和我根本不同。与他们相比，我完全是另一个世界里的人。所以不但在政治或宗教等问题上不能听从他们荒唐的说法，如今在婚姻问题上征求他们的意见也是不妥的……"

正如小时候那样，父亲并不十分强制他，只有母亲非常固执己见。起初，她试图阻止儿子，但她很快发现儿子已经铁定了心，就只好自己做出让步了。

婚礼定于1853年4月29日举行。谁知他的母亲得了重病于4月19日去世了。因为这个，他的幸福时刻也蒙上了一层阴影。他还因劳累忧伤过度，自己也生了一场大病。

婚后不几天，车尔尼雪夫斯基便同妻子一起收拾行装，好尽快动身去彼得堡。出发那天，很多他教过的学生都来给老师送行。他们人很多，每个人的眼里都噙着泪水。

3. 迁居彼得堡

离开萨拉托夫，最让他放心不下的，是他的父亲。老人家年事已高，母亲的去世更使他万分忧伤，他完全能够想到父亲内心的痛苦与凄凉。在路上，他无时不惦念着留在家中的父亲。旅行途中每到一站，如楚纳基、阿尔扎马斯、下诺夫哥罗德等地方，车尔尼雪夫斯基无论多疲劳，都要坚持利用短暂的停留给父亲写一封信。他安慰老人家说他的身体好多了，已很少发冷发热，不再像几天前那么虚弱无力了。

第一次出远门的奥莉佳在车上头晕得厉害，所以旅途中四轮马车行进得很缓慢，只好白天走，晚上停都下来休息。在莫斯科只停留了两个小时，因为车尔尼雪夫斯基急着去彼得堡，希望能在那里见到正准备出国的韦津斯基。他可能帮助车尔尼雪夫斯基在军事院校找到教书的工作。

从莫斯科到彼得堡，他们乘坐了开通不久的火车。

从再返萨拉托夫任教到结婚离开，车尔尼雪夫斯基又在那里待了两年。这两年来，他亲睹了人民生活的艰辛。那些身处底层的愚昧贫穷的农民，在忍受着怎样的凌辱和痛苦啊！为了满足上层社会的穷奢极欲，他们整日被迫拼命地劳作着。从少年时代他就生活在这里，目睹了多少这样暗无天日的情景，可那时他不可能认识到这种不平等的根源所在，更不会知道打破古老生活秩序的办法。

而现在就不同了——大学经历提升了他的精神境界，重返萨拉托夫的两年又加深了他直接的生活体验。现在他下定决心，要把自己的全部力量投入到为解放祖国和人民的革命斗争中去。

来到彼得堡后，因不能马上找到合适的住房，车尔尼雪夫斯基夫妇暂时住在捷尔辛斯基家。虽然他的妻子一年前去世了，但捷尔辛斯基仍然同贝平及车尔尼雪夫斯基家保持着亲戚关系。

暂时安定以后，车尔尼雪夫斯基立刻投入全部的精力，为实现他早在萨拉托夫就制定的计划而努力。

他最主要的愿望，是想尽快在文学和政论领域大展身手。但这一愿望不可能很快变成现实——这需要时间，需要知识和理论的准备，还需要和期刊出版界建立联系——这是他的长期目标。

他还有一个迫不及待的近期目标——找个工作，挣钱养家糊口。人得生存下去。这是每个人都要面临的问题，有不少人甚至把这个当成了生活的唯一目的。车尔尼雪夫斯基既看到了生存，又看到了生活。

"生活的需要"使他有着要从事学术的想法。在大学当教授，或者在公共图书馆里当一名学识渊博的图书馆员，在他看来仍是颇具吸引力的职业。但要得到这样高级的职位要一两年的努力才有可能，而且首先必须取得学位。于是他打算取得硕士学位，随后向教育区督学递交了申请，要求参加考试。督学建议他明年秋天应试。在这之前，他决定先到武备学校教书。

当车尔尼雪夫斯基在拟定未来生活计划时，他期望韦津斯基和斯列兹涅夫斯基能在他初来彼得堡时伸出援助之手，帮他安排初期的生活，使事情能够进展的顺利些。他没有想错，他们二位都比他所期望的还要热情。

韦津斯基要去国外作短期旅行，他把自己在军事学校担任的大部分课程，交给了这位他信任的年轻人。这样，车尔尼雪夫斯基可以有一点收入了，能减轻一些经济上压力。

几年前就开始的《伊帕季耶夫编年史词典试编》也已完稿，车尔尼雪夫斯基把它交给了斯列兹涅夫斯基，希望刊登在《科学院通报》上。

斯列兹涅夫斯基接受了这部稿子。但告诉他按当时的规定，这部书稿没有稿酬。不过它的发表会增加他在大学教师中的威望。

这部历时数载的词典，花了他多少心血啊!为了科学、为了自己的学术地位，现在他还要进行排版、校对和印刷等大量无偿的后续劳动，他说："这可能是学术理论中最枯燥、最难懂，恐怕又是最费力的一部东西。"

诸多事情都有了一些眉目，他开始忙碌起来：

他在武备中学教书，给私人上课；又担任了《俄语及教会斯拉夫语历史语法》一书的校订工作。他还联系杂志社，商量长期撰稿的问题。夏天，他同《祖国纪事》的编辑克拉耶夫斯基商谈为杂志撰稿的问题。不久这份杂志就刊出了他对《论斯拉夫语和梵语的共同性》和对《诗人文选》两书的评论文章。这两篇书评标志着车尔尼雪夫斯基文学评论的开始。此外，他还要准备硕士学位的考试，撰写学位论文。

这段时间他特别忙，各种各样的事情都要他操心，根本没有一点消遣的时间，就连给父亲写信也不能如以前那样详细的一一道来。为了生计和发展他得拼命工作。不过他并不觉得痛苦，倒是越忙越痛快。

"上帝保佑，但愿天天忙碌，"他还开玩笑，"因为在彼得堡没活干，那可比什么都可怕。"

刚到彼得堡，车尔尼雪夫斯基一家精打细算，生活十分俭朴。第一年，他们很少出门作客，更少请客。连剧院也只上过两次。常来拜访他们的只有大学时的朋友米哈伊洛夫。他这时已从下诺夫哥罗德迁到彼得堡，专为《现代人》杂志撰稿，算是实现了自己的宿愿。

奥莉佳在与周围人的交往中，表现出了活泼、质朴、聪明大方、风度优雅的良好素质，给米哈伊洛夫留下了良好的印象。他在诗歌里歌颂她说：

……

> 眸子如电波般有光，
>
> 声音如银铃般柔和；
>
> 没有机会去钟爱那眸子的美丽，
>
> 也没有机会常聆那柔和的话语；
>
> 但是，她在跟前，
>
> 想爱别的姑娘，那不可能。

1853 年夏天，因词典的印刷事宜，车尔尼雪夫斯基偕同妻子一起到斯列兹涅夫斯基教授家小住了几天。在那里奥莉佳也受到老师一家的欢迎。奥莉佳很喜欢老师一家人，特别是老师本人和他的母亲。斯列兹涅夫斯基的母亲更为儿子的学生能有这样一个好妻子由衷的高兴。

8 月间，车尔尼雪夫斯基夫妇迁到彼得堡城内，他在韦津斯基家邻近找到一处房子。

这所韦津斯基曾经住过的房子让车尔尼雪夫斯基回忆起大学时的往事。那时他就熟悉这里的一切，他曾在这里找到了真正的朋友，和他们一同怀着敬仰的心情谈论十二月党人，谈论别林斯基、赫尔岑，谈论彼得拉舍夫斯基和他的朋友们；在这里，他们对 1848 年的革命表示了深切的同情，对提倡平等的社会主义学说表示了欢迎；在这里，车尔尼雪夫斯基也曾经热烈的论证那些揭竿而起的人们斗争的合理性。

他也熟悉这条街道，沿着那桥左侧的大街一直走，他的朋友洛博德夫斯基夫妇曾在那里住过。那些不会再回来的日子，又一一浮现在他的眼前……

现在这宽敞的三个大房间，将由车尔尼雪夫斯基夫妇和贝平分占。房租虽然贵了点——每月 20 卢布。但少于 20 卢布这样好的住房上哪儿找呢！何况车尔尼雪夫斯基早就喜爱这条沿河大街和这熟悉的环境！

贝平成绩很好，即将结束大学学业，这时已在《祖国纪事》杂志上表发了一篇关于 18 世纪剧作家卢金的论文。学术界权威人士对这篇文章称赞有加，还说应该为年轻的贝平在刚创办的哈尔科夫大学谋一个职位。他已在学术界初露头角。车尔尼雪夫斯基深知贝平的成就将使他的双亲感到自豪，就写信告诉他们说贝平的论文非常成功。的确，贝平有着忘我的工作热情，更具备着能令教授们感到汗颜的知识储备，大家一致认为他将在学界前程无量。但车尔尼雪夫斯基总觉得这位未来的教授和院士在精神方面的需求有点狭隘，他不赞同贝平那模糊的自由派观点和中庸的社会理想。但他们相处得非常和谐，从没发生过任何冲突。有时他们还一起去参加尼基坚科、韦津斯基和斯列兹涅夫斯基等人举办的晚会。

这一时期占据车尔尼雪夫斯基思想的，还是政治。他认为更为重要的，还是在广大读者中传播进步思想。首先是别林斯基的思想，而不是去搞那些历史和文学领域里离现实较远的纯学术的东西。不过现实的变化渐渐地让他产生了一种怅然若失的感觉，因为人们对政治越来越淡漠。

"我经常怀着惋惜的心情回想我们之间那些富有生气的谈话，"车尔尼雪夫斯基给在萨拉托夫的科斯托马罗夫的信中写道，"现在的彼得堡，人们不再那么有热心……两年前认识的那些人，已

经面目全非了。文学评论也失去了思想性，开始沦为图书介绍。别林斯基在杂志上的地位，已为只会背珍本目录，只醉心于咬文嚼字考证的图书学家所取代。"

车尔尼雪夫斯基认为撰写编年史词典或古斯拉夫语的论文等纯学术的活动，对俄国当下的社会生活的影响是不够的。这位思想活跃的革命民主主义者将寻找另一条更能发挥自己力量的途径。还在大学一年级时他就曾经幻想，俄国将很快发生翻天覆地的变化，而就是这一变化的促进者。

九、文坛生涯

1. 初进《现代人》

《现代人》杂志是俄国伟大诗人普希金在 1836 年创办的大型刊物。它在全国名气很大，影响很深。它也是一份车尔尼雪夫斯基早就关注的杂志，还在大学时代，他就往那里投过稿。不过他并不曾想过日后他的命运竟会同这份杂志联系在一起。

刚到彼得堡的时候，车尔尼雪夫斯基的命运起初离《现代人》杂志确实很远。那个时候为了生存，他几乎不拒绝任何工作：教学、校对、写评论……"有钱人可以为了事业而工作，而穷人写文章首先是为了糊口，而不是为了荣誉和精神生活……"十年后，他回顾到。

在准备硕士学位论文的同时，他还不得不为了解决衣食问题经常给一些通俗的杂志撰稿。这是不少出身于平民的优秀作家所走过的路。如别林斯基、契科夫，甚至连他不久就要熟识的涅克拉索夫，都曾为生计所迫给一些小刊物出过力。车尔尼雪夫斯基在 1863 年的日记中写道："曾经有一段时间，还分不清细纱和印花纱的我，竟然为《时装》撰写有关时装款式的文章——我不以此为羞。这是必要的，为了糊口，就得这样。"

　　一开始，车尔尼雪夫斯基在《祖国纪事》发表的文章并不多。《祖国纪事》早期由别林斯基主持评论栏目，在三四十年代曾是优秀文学和进步思想的阵地。1846 年别林斯基离开编辑部由克拉耶夫斯基主持编务后，它的黄金时代便过去了。刊物的评论栏目没有鲜明、统一的思想方向，主要的评论文章都带有模仿性质，终于五六十年代完全丧失了别林斯基时代的战斗性，蜕变为一份保守的自由主义刊物。立场激进的车尔尼雪夫斯基在那里当然不得志，这迫使他设法找到两大杂志的另外一家——《现代人》。主持《现代人》杂志的著名诗人涅克拉索夫，他很快同意车尔尼雪夫斯基加入撰稿人的行列。能同时为两家大杂志工作，这大大改善了他的境遇。

　　《现代人》跟《祖国纪事》的立场大不相同。这份杂志始终保持着先进性，特别是 1847 年，该杂志的发行权由革命民主主义诗人涅克拉索夫取得后，他请别林斯基掌握方向，并主持评论专栏，吸引大批进步作家的参与。当时俄国文学界的名家，如赫尔岑、屠格涅夫、冈察洛夫、陀思妥耶夫斯基，都经常为《现代人》撰稿。

　　由于主持者的通力合作，《现代人》势头良好，成了宣传革命思想的重要阵地、培养进步作家的肥沃土壤。别林斯基逝世后，尽管涅克拉索夫非常懂得继承伟大批评家的传统和遗训的意义，却由于没有良好的合作者，杂志的质量还是不可避免地江河日下了。

　　恰好这时，思贤若渴的涅克拉索夫，发现了当时还是小人物的车尔尼雪夫斯基。

　　那还是 1853 年，到京城不久的车尔尼雪夫斯基，刚好在《祖

国纪事》发表了几篇文学评论。凭着多年编辑工作经验和过人的洞察力，从那最初的几篇评论中，涅克拉索夫觉得这个年轻人在文坛上将会有远大的前途，甚至不会亚于别林斯基，于是主动邀请他到编辑部会晤面谈。

好像预感到对方将会是他亲密的战友，那次一见面，涅克拉索夫就开诚布公，毫不隐讳地告诉他《现代人》杂志经营的困难状况，又为车尔尼雪夫斯基生计打算，劝他不要同《祖国纪事》断绝关系，因为那里可以给车尔尼雪夫斯基经济上更可靠的保障。除此之外，对车尔尼雪夫斯基在个人地位的提升也有好处：《祖国纪事》的主编对作家的看法一向依照《现代人》的意见而行事，当他们看到车尔尼雪夫斯基被后者重视，也会珍视同车尔尼雪夫斯基的合作，这种有利于个人发展的形势将可以持续好久。那次见面，涅克拉索夫热情的接待和诚挚的谈话，给车尔尼雪夫斯基留下了毕生难忘的印象。当车尔尼雪夫斯基不得不面临选择时，他所做出的决定当然可想而知。

事情的发展正如涅克拉索夫所料，1855年春天，当《祖国纪事》主编克拉耶夫斯基要车尔尼雪夫斯基做出选择时，后者果然毫不犹豫地选择了《现代人》。

涅克拉索夫对车尔尼雪夫斯基抱有特殊的同情绝非偶然。他的青少年时代是在极度贫穷中度过的，那种艰辛的生活经历使他自然地同情后者。在他的早年，为生活所迫，他不鄙弃任何工作。他编过识字课本，写过故事、童话、轻松喜剧，给别人改过手稿，写过广告诗、小品文……这些没完没了、徒劳无功的劳动，占去了他很多的时间。

涅克拉索夫进入杂志界正是文学领域"商业化"盛极一时的

时候，许多有天分的文学家，一旦走上这条可怕的匠人之路，就会不自觉地庸俗起来，逐渐沦为俯首听命的趣味读物的编造者。这种道路也威胁着涅克拉索夫，但他最终成为胜利者，这不是因为他杰出的天才，而是他有着坚强的意志和永不放弃远大目标的清醒头脑。他曾徘徊于各个杂志的编辑部，曾彷徨于拜金的出版商和剧院经理的接待室中，但他坚信，他将迟早摆脱这种泥潭而进入正途。他清楚地看到为了满足平庸兴趣的写作多么无聊和没意义。那些毫无创作精神的写手是多么可怜。在他的心灵中，理想之花从未凋零，他模糊地感到自己被禁锢起来的力量终将爆发。

在涅克拉索夫的成长过程中，别林斯基也起着不可忽视的作用。别林斯基和他接触不久，就喜欢上了这个经历过各种磨难而仍不失进取心的青年。由于和别林斯基以及聚集在别林斯基周围的其他文学家的交往，涅克拉索夫得以置身于当时社会进步思潮的中心。他还得以亲聆别林斯基的教诲，恩师的每一句话都像种子一样播撒在涅克拉索夫的心田。在别林斯基的教导下，原属于本能的好恶情感逐渐变得完全自觉了，他树立了明确的世界观。后来的诗歌成就就是他世界观的鲜明体现。

自从别林斯基在诗人心中唤起了伟大的责任感之后，直到他生命的最后一息，他都没有违背这位导师的遗训。此后的涅克拉索夫不但在诗歌创作上走了新路，就连他的出版事业也有了新气象。

1846 底涅克拉索夫获得了《现代人》的出版权，从 1847 年改版出了第一期直到 1868 年被查禁，这部杂志始终是俄国进步思想的传播者。许多天才都曾在这块园地中大放光彩，一些后来成名的文学家初期的文学活动也曾受惠于涅克拉索夫。

别林斯基担任这个杂志领导人的时间并不长，1848年这位伟大的批评家逝世后，文学评论专栏改由在学术上崇尚唯美主义的典型自由主义派文人德鲁日宁继任。一些进步作家纷纷转投别处。加之这年月沙皇政府强化思想控制，书报检查制度越来越严酷。几乎每一期都有被禁止刊登的文章，在这种情况下，为了保证能按期出版，涅克拉索夫经常不得不亲自提笔填补"天窗"。《现代人》杂志面临困境，这位主笔也累得自叹分身无术。

正是在这种情况下，车尔尼雪夫斯基被邀请参加《现代人》杂志的编辑工作。他梦寐以求的愿望突然实现了，于是他辞去武备中学的职务而投身到当时社会上最有影响的《现代人》刊物，开始与涅克拉索夫并肩工作。

涅克拉索夫对待车尔尼雪夫斯基的友好态度，在车尔尼雪夫斯基的成长中起到了巨大作用。车尔尼雪夫斯基在《祖国纪事》上主要发表学术评论和参考资料，而《现代人》则为他提供一个更广阔的平台，这使他有可能针对俄国社会最重大的问题发表指导性的见解。

别林斯基去世后的俄国文学评论界奉行的是中庸之道，呈现出一片死气沉沉、萎靡不振的景象。评论家们写的所谓评论文章，言之无物、模棱两可、装腔作势。他们对名作家的作品根本不提缺点，而是极尽吹捧之能事。车尔尼雪夫斯基一开始就对名家和所谓的权威的作品绝不迷信、不盲目崇拜。他鲜明地提出，评价一部文学作品应当同时注重它的思想性和艺术价值，千万不可只看"标签"判定其优劣。他以新鲜活泼、直率尖锐的评论语言，不仅批评文学作品，还批评丧失了战斗性的整个评论界。他这些观点鲜明、内容深刻、角度新颖、风格泼辣、分析精辟的评论，

与当年别林斯基一脉相承的评论文章，一扫评论界多年来死水潭般的沉闷。

那时的俄国刊物习惯在评论栏刊登不署名的文章。《现代人》杂志上出现的系列不署名评论文章，有不少就是车尔尼雪夫斯基的杰作。这些文章曾给《祖国纪事》抨击《现代人》的借口：他们指责《现代人》太尖刻，缺乏一贯性、自相矛盾。这样一来便在文坛引起了一阵不大不小的震动。两家杂志的论战开始了，车尔尼雪夫斯基当然不可避免地卷入其中了。由于匿名发表制度，他又采取了涅克拉索夫的建议为两家同时撰稿，于是有时就会出现这种情况：在同一期《祖国纪事》中既有车尔尼雪夫斯基的书评或评论，也有抨击他《现代人》文章的短评。这种情况直到1855年他彻底和《祖国纪事》告别为止。

车尔尼雪夫斯基在《现代人》上发表的不署名评论文章，使得许多名作家，特别是秉持自由主义观念的文人，始而不安，继而愤怒。他们纷纷询问涅克拉索夫：到底是何许人竟敢打破文坛秩序、毫无顾忌地撰写这些评论，对众名流指手画脚说三道四？主笔涅克拉索夫总是顾左右而言他，采取保护态度，不作正面回答。

一次，知名评论家鲍特金似乎听到一些风声，单刀直入地追问：

"你说老实话吧，涅克拉索夫，有人说你从一所正教中学挖掘出个什么评论家。是这样吗？"

"是挖掘了一个"，通常总是回避正面回答的涅克拉索夫说道，"不过这是我的事情，我不想多说。"

车尔尼雪夫斯基在《现代人》上发表的书评及其他文章使他

很快成了名，他和涅克拉索夫也由于共同的思想、共同的文艺观点而更紧密联结在一起。心有灵犀一点通，他们决心使《现代人》成为一面指引人民群众向前进的旗帜。

2. 论文答辩会

车尔尼雪夫斯基的学位论文可谓多灾多难。

早在 1853 年他就着手准备了，但一直拖到 1855 年才得以答辩。他写完论文的时间和允许他答辩的时间竟然相隔两年之久，从这里可以看出学术界是如何抵制革命思想的。在这两年时间里，校方以各种借口来拖延时间，阻止这篇有新思想的论文通过。他写完论文时，才刚刚准备进入评论界，当论文答辩时，他已是著名的文艺评论家了。

1853 年秋，车尔尼雪夫斯基以个人名义将在百忙中抽时间写的论文主要部分的初稿交给了尼基坚科教授，请他在呈报系里之前先浏览一遍。尼基坚科教授看了这篇学位论文，并没有发现其中的"危险"思想。他只建议车尔尼雪夫斯基少批评唯心主义文学理论，提出一些表达方式的问题，如要他把黑格尔学派的名改为"盛行学派"等。

又过了一些时候，车尔尼雪夫斯基把定稿交给了教授，显然这次他认真读了全文，结果发现这篇文章阐释的思想远远超过艺术和现实中的美学问题，且同传统的观点是针锋相对的。

这时车尔尼雪夫斯基还没有放弃搞学术活动的想法，打算考完硕士学位再考博士学位。他本人哪里知道，他的这篇学位论文，因为观点非常尖锐、公然向一切传统观念挑战，引起了大学主管人物的不满。所以对论文答辩的事，千方百计进行阻挠拖延。

几乎整整一年，尼基坚科下不了决心在论文上签字。他不是借口有病，就是推脱太忙。直到12月21日，他才通知车尔尼雪夫斯基说学术委员会即将批准他的论文。但"即将"之后，又拖了好长时间。车尔尼雪夫斯基的论文在教授的办公室里足足沉睡了一年有余。拖了好久，论文终于被批准打印了。学位论文依照程序要首先呈送给教育部长诺罗夫审阅。部长读了这篇文章后大吃了一惊，他不能接受车尔尼雪夫斯基的观念，认为通篇都是异端邪说。于是把彼得堡大学哲学系主任严厉批评了一顿，此事又被挂了起来。

转眼间，时间跨入了1855年。这一年在俄国历史上非同寻常——为争夺黑海出海口，俄国与土耳其爆发克里米亚战争，从前线不断传来令人忧虑的消息——尽管萨瓦斯托波尔的保卫者进行了史无前例的英勇奋战，但俄国败北的战争结局已不可避免。造成失败的原因很清楚：全国上下一致认为战争失败是因为政治制度极其落后，政府官僚机构腐败透顶。

上层官吏和地主靠偷窃国家财产和军需供应而过着穷奢极欲的生活。而战争前线却是另一幅景象：军粮及其他后勤供应濒临断绝；医院一片混乱；军队缺乏应有的装备，据说英勇的库尔斯克后备军还用斧头对付过敌人的远程大炮。

"祖国到处被廉价出卖！"著名讽刺作家萨尔蒂科夫·谢德林一针见血地写到。

社会上人们的政治热情又高涨起来。到处公开议论朝政，批评官方的战报尽在说假话。就连持保守观点的温和派也指责起沙皇政府来了。尽管俄军做出了惊人的自我牺牲，表现了非凡的勇敢精神，沙皇还是在使俄国走向穷途末路。

2月18日，就在萨瓦斯托波尔保卫战正处于激烈紧张阶段，忽然传出老沙皇尼古拉一世突然死去的消息！

进步知识分子闻此欣喜若狂，都把尼古拉一世的死亡视为农奴制度行将崩溃的征兆。他们认为革命风暴即将来临，俄国将很快进入一个崭新的发展阶段。

尼古拉一世去世的消息传来时，车尔尼雪夫斯基正在为《现代人》撰写评述普希金作品的第二篇文章。在手稿中，他用粗线标出文章的最后一段，并在此段的边上批注说：

"此时得到了消息"，"此文于1855年2月18日写毕——最后几行是在著名事件的影响下写成的。"

当时社会上群情激昂的政治气氛，对车尔尼雪夫斯基学位论文的命运不能不产生积极影响。系主任尼基坚科认为这件原本只需两个月就该完成例行手续的答辩不能再拖下去了。他决定在1855年5月10举行车尔尼雪夫斯基的论文答辩会。

4月4日，车尔尼雪夫斯基得到答辩的通知，11日，委员会一批准了学位论文，车尔尼雪夫斯基就立刻把稿子送到印刷厂。

在答辩前的一个星期，论文印出了400份。终日忙碌的车尔尼雪夫斯基，一有机会也会和父亲开个善意的玩笑，他从数千里外寄去一册刚刚装订好的论文和一张答辩会的请帖：

"加甫利尔·伊凡诺维奇·车尔尼雪夫斯基阁下：

圣·彼得堡帝国大学校长恭请阁下，于星期二下午一时，参加车尔尼雪夫斯基的俄罗斯语文硕士论文的答辩。无请帖者请勿到会。"

远在萨拉托夫的父亲，收到后马上回了信：

"……谢谢你把你的专论寄给我。……评论你这本小册子不是我的事，干这件事有别的人。一切新东西都将得到它应有的评价。我珍视这篇论文——我儿子的著作——它将给我带来无穷的慰藉和愉快。特附上 25 个卢布，以表示我的感谢和满意。"

面对盖满灰尘的论文，车尔尼雪夫斯基感到啼笑皆非。他认为答辩会将是枯燥和沉闷的，因为评议委员不了解他写的东西，因此他没专门做准备。就在答辩的前一天他还在忙编辑工作，为《祖国纪事》翻译英文长篇小说，阅读《现代人》的校样。

5月的彼得堡，积雪消融、春回大地。人们脱下了厚重的皮大衣，换上了轻便而漂亮的春装。在这样一个社会思潮日趋高涨的春天里，车尔尼雪夫斯基的论文答辩会如期举行了。5月10日下午1点，在一间不大的教室里，由校长普列特尼约夫主持的答辩开始了。评议委员会主席由校长亲自担任，正式评委有尼基坚科教授和苏霍姆利诺夫教授。车尔尼雪夫斯基的家人和朋友不少人出席了答辩会。旁听者还有许多学生，但似乎一些局外人——军官和青年文官也出席了。实在太拥挤了，有的旁听者还站到了窗台上……

辩论的情况正如车尔尼雪夫斯基事先想的一样，评委们实际上没有提出任何异议。尼基坚科在肯定论文一系列不可争辩的优点的同时，却企图否定它的哲学基础而去为"现行文艺美学不可改变的目的性"辩护。但车尔尼雪夫斯基据理进行了反驳，他所作的答辩引起听众们的赞同。他的这篇论文，更是以崭新的思想、朴素的语言、明晰的阐述，令听众们无比佩服。

答辩的整个过程不到一个半小时就结束了。校长普列特尼约夫离开会场时一句祝贺都没有，只丢下一句话："我在课堂上好像根本没讲这些东西！"

这篇观点新颖的文章不只引起了学界的抵制，官方代表也对其很不满。碍于惯例，教育部长诺罗夫虽不敢推翻学术委员会同意授予学位的报告，但他从内心就不想批准这份学位报告，于是这篇论文又被束诸高阁。直到四年之后换了教育部长，彼得堡大学学术委员会的这份报告才被批准。

学位论文可以束之高阁，但车尔尼雪夫斯基论文中的伟大思想，却是无法束之高阁的。

为什么《艺术对现实的审美关系》这篇论文的命运会如此多劫呢?这要从这篇文章诞生的历史环境和它在俄国文学史中的地位去找原因。

《艺术对现实的审美关系》写作时，黑格尔学派的唯心主义美学正占据着文艺界统治地位。该学派鼓励艺术家摆脱现实，到主观幻想中去追求美的理想，去创造艺术作品。该派还认为艺术是永恒的精神的一种表现，而不依赖现实存在。这种美学观就是当时俄国文坛上流行的"纯艺术"或"为艺术而艺术"派的理论基础。

车尔尼雪夫斯基的学位论文《艺术对现实的审美关系》继承了其前辈别林斯基的唯物主义美学思想，它对别林斯基关于艺术本质和作用的观点做了理论上的总结，哲学上的论证，是别林斯基观点的进一步发展。论文有的放矢，坚决批判唯心主义，批判思想界的这股"纯艺术"的逆流。

从唯物主义的前提出发，车尔尼雪夫斯基说他自己"是把美学作为哲学的一部分来研究的"。在这篇论文中他摒弃了唯心主义

的抽象概念，表达了当代的革命思想，宣布了崭新的艺术观，鲜明地提出：

"美是生活！"

美在人们的思想中并非"终极形象"里的"绝对观念"的体现——美是作为客观现实的属性为人们所领会的。除了反映客观现实，艺术作品是没有其他内容的。车尔尼雪夫斯基之所以能提出这个美的定义，是因为他正确理解了现实世界与想象世界的关系，这个定义使人们对艺术的源泉和作用有了正确看法。这简单的几个字，的确引起了美学领域里的一次革命：它彻底颠倒了唯心主义关于美学与现实关系的理论。其阐述也很明确："真正的最高的美，不是艺术所创造的美，而是人在现实世界中所遇到的美。"

这样，他提高了现实、生活和自然的作用，建立起了自己的美学，为现实主义的美学奠定了基础。他反对脱离生活的艺术，反对"为艺术而艺术"，号召艺术家努力再现生机勃勃、丰富多彩的现实生活。

在肯定生活的重要地位的同时，车尔尼雪夫斯基并没有绝对化地认为生活中一切都是美好的。他辩证的指出，"只有依照我们的理解应当如此的生活"才是美的。按他的解释，所谓"应当如此的生活"，是指健康的、劳动的、符合人民愿望与理想的生活——这蕴含一种革命精神——召唤人们为实现理想的美好生活而奋斗，努力改变不合理的社会现实。这样，美又成为一个历史范畴的概念——不同的时代、不同的民族、不同的阶级，将有不同的审美标准。

当然，由于时代的原因，这位年仅25岁的评论家的第一篇美学著作不可能十全十美。但谁都不能否认这篇学位论文继承并发展了别林斯基的传统，为发展唯物主义美学奠定了基础。它不仅促进了俄国现实主义文学文艺理论的发展，对国外文艺界也产生了深远的影响。

3. 掌舵《现代人》

学位论文《艺术对现实的审美关系》问世时，车尔尼雪夫斯基已经在《现代人》杂志编辑部处于举足轻重的地位。但他仍不时受到来自方方面面的攻击。

首先车尔尼雪夫斯基的战斗精神使一些人非常恼火，由于车尔尼雪夫斯基在《现代人》的影响越来越大，《现代人》内部有人企图破坏他和涅克拉索夫的关系，在他们之间制造矛盾，以期把车尔尼雪夫斯基赶出编辑部。

德鲁日宁在这方面比任何人都积极，因为他为地位受到威胁而羞愤无比。他不断地诽谤、攻击车尔尼雪夫斯基，指责他冒犯了杂志的重要撰稿人。但是这一切都没有效果，德鲁日宁自己却离开了。

因在《现代人》内部遭到失败而愤怒，所以德鲁日宁将利用一切机会用自己"纯艺术"理论来对抗他的对头所持的别林斯基传统。他找到当时杂志另两位重要撰稿人——列夫·托尔斯泰和屠格涅夫。十九世纪五十年代的俄国文坛，文学艺术观点和作家间的关系，本来就很是错综复杂。这两个人，本来思想就和车尔尼雪夫斯基的激进思想有距离，加之德鲁日宁从中挑拨，他们也立刻加入到反对车尔尼雪夫斯基理论的行列。

由于德鲁日宁的鼓吹，托尔斯泰当时对车尔尼雪夫斯基的学

位论文以及后来所撰写的《俄国文学果戈里时期概观》均持有否定态度。对车尔尼雪夫斯基的"艺术就是对生活作出裁判的一种人类活动"这样杰出的见解不能赞同。读罢,他甚至说那篇学位论文是作者奉献给公众的一个"臭鸡蛋"。

德鲁日宁离开《现代人》使托尔斯泰十分惋惜,车尔尼雪夫斯基在编辑部影响日大,又使他很不高兴。1856年6月2日,他写信责备涅克拉索夫:"你放走了德鲁日宁,是犯了一个极大的错误……"接着就是对车尔尼雪夫斯基肆意攻击:"……那是一个为人愤懑、易怒、毒辣的家伙……"

跟以前不同,这次涅克拉索夫公开地表示不能同意托尔斯泰的看法,1856年夏天,他在回信中写道:"……您信中的观点,我丝毫也不能同意。您那样评价车尔尼雪夫斯基使我非常遗憾……"

屠格涅夫也否定《现代人》的新倾向,尽管他当时并不完全反对文学理论上的辩证观点。他虽然没加入"纯艺术'理论辩护士的阵营,但他总是站在中间,在纯艺术的维护者和民主主义者之间持双重态度。一方面,他不能接受革命民主主义者的美学规范,另一方面,又似乎承认他们的运动是合乎实际的、正确的。在给德鲁日宁的信中他指出:"他(车尔尼雪夫斯基)了解当代现实生活的需要,我认为他将是个有用的人,时间将证明我的看法是正确的。"

另外这位大作家又好激动,经常不冷静,他对"农民民主主义者"的态度常常失之偏颇。如对涅克拉索夫诗歌的评价,他时而认为那些"击中要害"的诗歌"灼人";时而又说这些诗歌缺少诗意;时而说"他的诗歌是动人心弦的乐章";忽而又攻击涅克拉索夫是个"爱复仇而又郁郁寡欢"的诗人。

屠格涅夫两面性的主流是否定的，他的政治态度，与别林斯基、赫尔岑和车尔尼雪夫斯基是存在着很大差别的。他的这种两面性反映了贵族自由派思想和平民知识分子的民主主义的社会隔阂。否定车尔尼雪夫斯基的美学思想和涅克拉索夫的诗歌，是屠格涅夫历史局限性的集中体现。

大作家们与车尔尼雪夫斯基的矛盾，使得主编涅克拉索夫的处境为难。尽管他关心托尔斯泰和屠格涅夫等著名作家与《现代人》杂志的关系问题，但心里明白分裂早晚是不可避免的，在适当的时候，他也必须做出选择。

1856 年春，德鲁日宁曾写信给涅克拉索夫推荐阿波隆·格里戈里耶夫，让他主持评论专栏，条件是车尔尼雪夫斯基退出此栏编务。涅克拉索夫没有同意，反而把车尔尼雪夫斯基聘为专职编辑。不仅如此，这年 8 月，涅克拉索夫因健康问题需出国长期就医，他更是把《现代人》杂志的主编的重任完全委托给了车尔尼雪夫斯基，以此来表明和车尔尼雪夫斯基思想的一致性和对他的信任。

启程前夕，涅克拉索夫在给车尔尼雪夫斯基的信中写道："在我即将离开之前，谨向您提出请求：除了参与《现代人》各栏的工作之外，还请您主持杂志的工作。同时我把涉及为本杂志选择和订购资料、编辑每期杂志、选用稿件等方面的权限都委托给您。希望杂志上不出现任何一篇未经您同意的文章——请您在同意发表的原稿和校样上签上字。"

根据协议，车尔尼雪夫斯基除了把握《现代人》的方向，还要主持评论栏和书评栏的编务。

掌舵《现代人》杂志后的几年是车尔尼雪夫斯基一生中成果

最多，最辉煌的时期。为了使刊物更有特色，更适应时代的需要，他花了相当多的心血去研究作品和撰写评论。他的书评和论著，几乎涉及一切知识领域。他掌握了大量的英文、法文和德文资料，熟悉每门学科的最新成就。

1855—1856年间，他在《现代人》上发表的《俄国文学果戈理时期概观》是他的一部重要论著。这部权威的俄国文学评论史发展了别林斯基的美学和社会观点，批判了当时主导地位的唯心主义的文艺思想。在《概观》中，他明确指出当代作家进一步发展果戈里思想的前景。他认为涅克拉索夫和讽刺作家萨尔蒂科夫·谢德林的彻底的现实主义已同先进的革命思想结合在一起，所以他们的讽刺更能深刻触及所描绘的现象的本质。

1856年，托尔斯泰中篇小说《一个地主的早晨》发表了。车尔尼雪夫斯基充分肯定这篇小说描写农民生活和刻画农民心理相当成功。同年，萨尔蒂科夫·谢德林发表了对俄国社会生活进行了透彻的剖析，对丑恶现象无情鞭笞的《外省散记》。车尔尼雪夫斯基也撰文评价说："《外省散记》是出色的文学作品，更是一部反映俄国生活历史的高贵而卓越的经典之作。"

车尔尼雪夫斯基主张，祖国文学的首要任务，在于竭尽全力帮助克服俄国生活的落后面。车尔尼雪夫斯基还经常拿西方作家和俄国作家作比较研究，努力寻找俄国和西方文学的差别。

他不止一次地在评论中指出俄国作家不同于西方的作家特点——西欧作家大多数是世界主义者，他们通常不大考虑祖国的利益，只忠于艺术和科学——而俄国作家则充满了对祖国发自本能的热爱。

他写道：

"……我们每个俄国伟人，他的历史作用是以他对祖国的功绩来评价的，他的人格影响力则由他的爱国主义精神来论定。"

涅克拉索夫最终选择了车尔尼雪夫斯基，使刊物转向了民主主义立场，这使得自由派撰稿人非常愤怒。在这种困难的情况下，车尔尼雪夫斯基天天坚持不懈地关心《现代人》的利益，把自己的全部精力和时间，都放在工作上面。他一方面严格坚持刊物的基本方向，一面又想尽量争取托尔斯泰、屠格涅夫等大作家，维系与他们的关系，尽可能地把他们的创作力量往解决俄国文学在新的发展阶段所面临的历史任务上引导。

但是"智者千虑，必有一失"，车尔尼雪夫斯基终日心神劳累，于百忙之中难免有考虑不到的地方。有一次他稍不留心就给《现代人》惹了一个大麻烦，带来了非同小可的不良后果。

这件事因涅克拉索夫的《诗集》而起。

涅克拉索夫出国之后不久，他的《诗集》问世，并开始在书店里出售。车尔尼雪夫斯基一向肯定涅克拉索夫的诗歌，他想写一篇文章评论并推介这部"俄国文学上空前的好诗集"，但又觉得在《现代人》杂志上发表似乎有吹捧之嫌。在与《读者文库》编辑德鲁日宁商谈未果的情况下，车尔尼雪夫斯基只好决定在《现代人》上刊登一则即不作任何评价，又不谈读者的反映，只报道诗集出版简讯。

于是，《现代人》第11期的书评栏里，刊出如下简讯：

《涅克拉索夫诗集》，莫斯科，1856年读者当然不能期待《现代人》的某位编辑会在本杂志详细评述《诗集》。我们在这只能列举这本书里的诗作。请看《诗集》

目录……这里有许多以往未曾发表过的，即使那些已发表过，这次也比以前更完整。

如果到此为止，是不会招来麻烦的。问题是，刊登完简讯之后，车尔尼雪夫斯基又在杂志上转载了《诗集》中几首革命倾向性很强的诗歌。这些充满革命激情的诗篇，连同该杂志原本的社会和政治立场，给了那些暴跳如雷的农奴主和《现代人》杂志的敌对派借口，他们就此掀起轩然大波，那些书报检查官员们也有肆虐的借口了。

开始，车尔尼雪夫斯基对反动派的叫嚣毫未介意。他想："过两三个月，也许这件事就会被淡忘。"可是很快他就意识到，这次幼稚的举动将引起非常麻烦的后果。后来的确如此：《现代人》编辑部受到书刊检察机关严厉的训斥。并被警告说如再出现类似情况就禁止出版。同时《现代人》还要面临长达3年的管制，涅克拉索夫也受到牵连——《诗集》四年内不准再版。

尽管事情的结果很严重，涅克拉索夫对车尔尼雪夫斯基的态度却一如既往，同年12月在给屠格涅夫的信中，他写道：

"车尔尼雪夫斯基真是个好样的。请记住我的话，这是俄国未来优秀的报刊编辑和撰稿人。他将比我这个罪人要纯洁高尚。"

几个月后，涅克拉索夫回国了。同他一见面，车尔尼雪夫斯基就说自己极大地损害了《现代人》。他为自己的过失深深的自责。

可涅克拉索夫却毫无责备之意，他表现得很豁达，只说："是的，这当然是个错误。您没领会，我所以没有将《诗集》的作品刊登在《现代人》上，就是觉得这样不妥。"从此，他们再也没提此事。而且涅克拉索夫丝毫也没有改变对车尔尼雪夫斯基的信任，依旧把他当做《现代人》最重要的一个编辑。

一些事情表明，车尔尼雪夫斯基的确是一个值得信任的人。在涅克拉索夫不在的日子，他克服个人生活的重重困难，为维护《现代人》，那段时间他几乎耗费了所有的时间和精力。

在涅克拉索夫离开后，受命伊始的车尔尼雪夫斯基肩上的担子太重了，为了专心一意工作，他先建议妻子带着儿子亚历山大回到萨拉托夫老家过夏天。后来妻子奥莉佳怀第二胎分娩的日期快要临近了，才回到彼得堡。

车尔尼雪夫斯基非常爱妻子，他以惶惶不安的痛苦心情，等待分娩日期的临近。医生在她生下第一个孩子后，曾提出过警告：她以后再生小孩就有致命的危险！一向沉着镇静的车尔尼雪夫斯基，这一次再也沉不住气了。不安的心情开始破坏他的正常生活，他心乱如麻，甚至不能安心写作，但是他不能不为《现代人》的发展而殚精竭虑。

这种紧张的心情大约持续了四个月。翌年1月7日，奥莉佳终于平安生下了小儿子维克多。此时车尔尼雪夫斯基才恢复了平静，他又以十倍的精力投入了《现代人》的工作。

4. 杜勃罗留波夫加盟《现代人》

杜勃罗留波夫加盟《现代人》真如雪中送炭。那时候编辑部人手不足，他的到来，使《现代人》如虎添翼。

杜勃罗留波夫是彼得堡师范学院的学生。当他还读大学时，就在学生中间建立秘密小组，学习、宣传革命民主主义思想。1856年，他通过一位车尔尼雪夫斯基在萨拉托夫中学教过的学生

把一篇论文投稿给车尔尼雪夫斯基。那篇论文是他的处女作，但已经显露出不同凡响的文学才华。车尔尼雪夫斯基一眼就看出文章很出色，就当即约见他。一番长谈后，两人都觉相见恨晚。因为他们的思想观点、政治信念以及精神气质非常一致。他们之间很快就建立起亲密无间的友谊。

车尔尼雪夫斯基发现，这位比自己小 8 岁的大学生知识广博、思想早熟、视野宽广，始终保持着严谨的生活观，严于律己的精神。他非常欣赏杜勃罗留波夫，当时编辑部的确又急需这样的人才。不过出于对杜勃罗留波夫的爱护，不想让他与保守的校方矛盾激化，车尔尼雪夫斯基还是不假思索地劝阻这位小弟毕业前不要给《现代人》撰稿。不过他们还是经常见面的，车尔尼雪夫斯基敏锐的洞察力和公正的判断很快折服了杜勃罗留波夫。

1857 年杜勃罗留波夫大学毕业进了《现代人》编辑部，车尔尼雪夫斯基立刻把文学评论和书评栏交给他，自己则全力去为更为重要的栏目——即政治、哲学、历史和政治经济学等栏目而工作。

自从担任杂志的领导工作，车尔尼雪夫斯基就考虑好一个改革《现代人》的计划。现在有了杜勃罗留波夫协助，编辑部的力量充实了，他决心将计划付诸实施。因为人手不足而无法展开的改革工作很快打开了新局面，车尔尼雪夫斯基在编辑部的地位更加巩固了。在国外疗养了近一年的涅克拉索夫也回来了，他一回来就兴致勃勃的投入到工作中。除了车尔尼雪夫斯基、新来的杜勃罗留波夫也成了他的亲密助手。三人合作组成了编辑部强而有力的领导核心。涅克拉索夫善于用人，他自己不很在行的问题，则有两个得力的助手去完成。他们一起制定每期的纲目以及各种各样的编辑方案，合作得很协调，共同撑起这份杂志。接着米哈伊洛夫、谢拉科夫斯基两位志同道合的新人也参加了《现代人》的工作。从1857年起，不满23岁的杜勃罗留波夫就开始主持评论和书评栏。米哈伊洛夫和谢拉科夫斯基分别管诗歌栏目和国外讯息栏目。这时的《现代人》编辑部人才济济，阵容强大，所有同仁都齐心协力，可以说是达到了鼎盛时期。

《现代人》杂志相当一部分的编辑工作是在涅克拉索夫住所完成的。车尔尼雪夫斯基和杜勃罗留波夫经常在那里通宵达旦的处理编务。涅克拉索夫的住宅共有四个房间，当时被称为"文学客栈"，客人络绎不断——有熟人、朋友、与《现代人》有联系的文学家等。

傍晚，《现代人》的编辑们经常聚集在一起休息和交谈。这时，涅克拉索夫总想让车尔尼雪夫斯基多说话。别看他在陌生人面前沉默不语，可是在熟人圈子里却很活跃，经常谈笑风生，引人注目。他那渊博的知识常让人叹为观止。

为了和撰稿的作家沟通，涅克拉索夫每星期都要在住所举行一次《现代人》编辑部午餐会。虽然一般情况下车尔尼雪夫斯基不愿意出席，但有时候却少他不行——他善于周旋——只有他能对付那些监督他们杂志的检察官，他能用愉快的谈话使检察官们不感到那么孤独，然后不知不觉地在这里扮演着可怜的角色。几乎每次涅克拉索夫都要竭力请他参加。

勤奋的工作和卓越的见识逐渐使车尔尼雪夫斯基被公认为《现代人》杂志思想上的领导者。他也的确进行了大刀阔斧的改革：他调整了杂志的内容，取消"时尚"栏，大力充实学术栏；他以精选的优秀原著取代译作和编译的文章，彻底扫除旧习气，

摆脱盲目仿效西欧的做法；他把小说评论的分量降到了第二位，增加了严肃的书籍评论的内容。在他的主持下，一些密切关注时事和国家前途的文章得到了发表……整个刊物的走向非常明显——《现代人》变成了当时最富有战斗性、在读者中享有极高声誉的文学杂志，也成了呼唤变革现实、反对沙皇农奴制的号角。

涅克拉索夫重用车尔尼雪夫斯基和杜勃罗留波夫等改革派年轻人、使《现代人》杂志立场彻底转向革命，势必要触怒贵族代表和自由主义者。一些作家纷纷指责涅克拉索夫对车尔尼雪夫斯基太死心眼，又无度地偏爱"乳臭未干的中学生"（这是他们对杜勃罗留波夫的蔑称）。但此时涅克拉索夫的心已完全在车尔尼雪夫斯基一边了，他没有像以前那样沉默或回避，而是没有让步，并进行了辩护和斗争。

车尔尼雪夫斯基和杜勃罗留波夫的确不一般。他们的敌人——贵族自由派作家——尽管不停地与他们论战和对他们进行人身攻击，但都不否认他们是两个才华超群、思想卓越的人。一个叫帕纳耶娃的人回忆道：

在《现代人》的编辑和撰稿人中间，屠格涅夫学识无疑是最渊博的。可是自从车尔尼雪夫斯基和杜勃罗留波夫出现后，他发现这两个人比他更熟悉外国文学，在他和杜勃罗留波夫谈话后，曾亲口对涅克拉索夫说：

"真是奇怪，刚离开校园的杜勃罗留波夫，怎么会这么扎实透彻地了解优秀的外国作品！他真是个天才！"

"老兄，我早对你说过，他非常聪明！"涅克拉索夫回答道，"你会以为指导他的智力发展和教育他的准是最杰出的教授！其实他是天生的俄国才子……这很令人欣慰。尽管社会的生活条件如此恶劣，但杜勃罗留波夫的例子却表明了俄国人的智慧与力量。10年之后，他在俄国文坛的作用必将能同别林斯基相媲美。"

然而10年也太久，在很短的时间里，杜勃罗留波夫和车尔尼雪夫斯基就占据了俄国文学的制高点，并为推动时代的革命思潮起了巨大作用。

以下的真实故事可以验证当时革命宣传的巨大影响力。

一个夏天的傍晚，一位身穿旧衣裳、手提旅行袋、举止腼腆的青年人突然叩响车尔尼雪夫斯基住所的门。这人原来是车尔尼雪夫斯基的同乡，名叫巴维尔·亚历山德罗维奇·巴赫梅捷夫，是萨拉托夫的地主，从前车尔尼雪夫斯基在家乡时曾经见过他。他告诉车尔尼雪夫斯基，他已经卖掉了庄园和全部财产，决定永远离开俄国，虽然他热爱祖国。

通过进一步的谈话，车尔尼雪夫斯基得知，巴赫梅捷夫在社会主义文学的影响下，思想发生了急剧变化。他将义无反顾地结束过去的生活方式，要前往太平洋上的法属马贵斯群岛上去建立农业公社以便根据"社会主义原则"建立一种理想的新生活，实现"同其他人兄弟般地生活在一起"的理想。他告诉车尔尼雪夫斯基他下一步首先要到伦敦去会见赫尔岑，并把他的一大部分钱捐助给赫尔岑用于宣传俄国革命事业。

客人告别时，车尔尼雪夫斯基同他一同出来，边走边谈论巴赫梅捷夫的伟大计划。两人越谈越入迷，不知不觉在丰坦卡沿岸大街上逛了一整夜。

巴赫梅捷夫的确是个言行一致的人。到了伦敦把20000法郎捐赠给《钟声》报作为宣传出版的费用。赫尔岑的《往事与随想》记录了这次会面。至于他后来是否实现了建立公社的计划——就

无人知晓了。

巴赫梅捷夫给车尔尼雪夫斯基留下了深刻印象：这个不寻常的人生活中的某些特点，后来化入了《怎么办?》的主人公拉赫美托夫的血液里。车尔尼雪夫斯基很多年后有一次说道："我的长篇小说《怎么办?》的特殊人物拉赫美托夫，就是为了纪念巴赫梅捷夫而塑造的。"

十、文坛烽火录

1. 《口哨》与《钟声》之争

杜勃罗留波夫担任《现代人》常务编委不久，车尔尼雪夫斯基就向他指出赫尔岑自由主义动摇性。1859年夏天，这种动摇性表现出来——伦敦出版的《钟声》杂志突然反对起《现代人》杂志来。事情的是由杜勃罗留波夫在杂志上发表批判和讽刺自由派的文章引起的。

在这之前几个月，《现代人》根据杜勃罗留波夫的提议，新开辟一个名为《口哨》的栏目，其目的是借助笑声和戏言抨击社会之弊。

杜勃罗留波夫认为，《口哨》栏的矛头不仅是要针对那些明目张胆的反动派或者那些墨守成规的保守派，即使是那些终日高唱"当代文明的成就、自由、真理和荣誉"却没有真正理解这些东西的所谓的"进步分子"也在被讽刺之列。

这样，《口哨》受到了读者的欢迎，却激起了一些自由派人士的愤怒。因为《口哨》戳穿了流行一时的"暴露文学"的真面目。当时的"暴露文学"作家只热衷于在允许的范围内批评一些表面的"社会弊端"。这不仅不会撼动专制政权和农奴制，还会把读者的注意力引离事情的本质。这类时髦作品的兴盛，不但对旧制度毫无危险，还反而营造出了一种文学作品已经干预社会生活，当局已经允许人们自由说话的民主假象。对这些"暴露文学"，杜勃罗留波夫不仅在《口哨》栏，而且还在自己的长篇评论中进行了无情地揭露。

例如，他在《现代人》4月号上发的《去年文学琐事》。在那篇文章里他嘲笑了暴露派小说家们的那些拙劣的手法："在这些作家笔下倒霉遭殃的是统治阶级底层的那些录事、区警察局局长、市议会秘书、区监督、警士和乡村警察等。因为在他们笔下俄国一切丑恶现象之所以发生，都是因为这些人是粗暴和不法造成的。这些文章大多用以下公式炮制：突一个极为高尚的大恩人省长，他主张一切按法律公开办事。他身边总有两三名心地善良的官吏，由他们来惩处有各种舞弊行为的人——这种暴露文章——都异口同声的腔调……"

杜勃罗留波夫的这些文章，引起了广泛的反响。遗憾的是，流亡在国外的赫尔岑没有认清《口哨》栏目政治讽刺文章的革命性倾向，没有认清车尔尼雪夫斯基和杜勃罗留波夫的斗争的真实用意。1859年6月1日，《钟声》杂志第44期上，突然发表了他的一篇评论文章《非常危险！》。文章尖刻地批评了《现代人》编辑部，指责《口哨》和反动政府行径相同——都是在扼杀刚刚起步的言论自由。文章的末尾，他作了侮辱性的暗示：

"我们这些可爱的小丑们忘了，沿着这条危险的道路吹口哨，不仅可能溜到希尔加林和格列奇那里，而且还可能(但愿千万不要)滑到斯坦尼斯拉夫那里……"

希尔加林和格列奇都是办反动杂志的俄国作家。把他们和《现代人》杂志的同仁并列，必然会引起一场大论战。

6月5日清早，涅克拉索夫十分激动地找到杜勃罗留波夫，告诉他流亡伦敦的赫尔岑突然攻击了《现代人》。涅克拉索夫本人还没见到那期《钟声》，他听别人说，《钟声》杂志的那篇文章影射《现代人》已被当局所收买。

当天杜勃罗留波夫在日记中写道：

"如果这事属实，那么赫尔岑根本就不是一个严肃的人。在报刊上如此轻率地评论别人，太无理了。我越是琢磨这个消息，就越相信事实上根本没有这种暗示，仅仅是涅克拉索夫的想象。必须尽快看看那篇文章，然后才好决定……我不会被赫尔岑的恶意攻击吓倒，但涅克拉索夫却很不安，他感到受侮辱，他甚至要亲自到伦敦去做一番解释，还说为这事完全可以决斗。我不赞成这样，但觉得必须进行解释，为此我愿意前往……"

涅克拉索夫也好，杜勃罗留波夫也好，都认为同赫尔岑见面时要说服他放弃那篇文章的观点。一定要派个人去伦敦，涅克拉索夫担心杜勃罗留波夫爽直的性格和犀利的谈锋会把谈判弄僵，所以派了车尔尼雪夫斯基去。

车尔尼雪夫斯基对谈判不抱什么希望，因为赫尔岑"不是一个轻易就能放下架子的人"，车尔尼雪夫斯基尽管很不愿意，但在涅克拉索夫的一再坚持和恳求下，还是去了伦敦。

车尔尼雪夫斯基在伦敦逗留的时间不长，和赫尔岑面谈了两次，6月30日他便启程回国。面谈的结果双方不满意大家都知道，

但细节外界知道得不很多，只能从他们的回忆录和谈话中略知一二。

大致情况是，车尔尼雪夫斯基一见赫尔岑就开诚布公，直言不讳地向他倾吐了内心的思想和感情。他指出赫尔岑把《钟声》办成所谓的"暴露性的"杂志是表现了革命的不彻底性：

"这类暴露使懂得对自己的爪牙严加控制，同时又能比较体面地维护腐朽的国家制度。而问题的实质正好在于制度，而不在于爪牙。您本该提出一定的政治纲领，比如立宪的，共和的，或社会主义的。这样，一切暴露才算符合您的革命思想……"

等车尔尼雪夫斯基说完，赫尔岑也冷冷地、以教训人的口吻说出了自己的想法：

"是的，按你们小圈子狭隘的观点，这是可以理解的，也可以被证明是正确的。但从一般的逻辑观点来看，这确是毫无道理的，应当受到严厉谴责的，无论如何也不可能被说明是正确的……"

这场争论深层次的原因使得谈判的结果不言而喻。因为除了文艺观点上的分歧之外，就思想倾向而言，赫尔岑也更接近于自由派。他与《现代人》杂志提倡的精神早已格格不入。

此时的赫尔岑，按列宁的话说，"是地主贵族中的人。他在1847年就离开了俄国，没有看见革命的人民，也就不能相信革命的人民"。所以他一直相信如果沙皇和贵族能发慈悲的话，俄国人民的状况是能得到改善的。车尔尼雪夫斯基等人则不同，他们一直生活在俄罗斯的现实之中，对社会各阶层的生存处境、政治态度，以及广大民众的迫切愿望，都了解得一清二楚。所以他们相信人民，了解人民的力量，因而懂得通过号角唤醒人民的觉醒。

两个天才的那次相见的意义不仅显示了两人观点相左，还表现在他们对对方评价的上。

车尔尼雪夫斯基在谈到赫尔岑时说：

"他真是个顶聪明的人……可惜落后了。因为他至今还想继续在莫斯科的沙龙里说俏皮话挖苦人，卖弄小聪明。像今天，时代在飞速发展，一个月等于过去的 10 年。可是看看赫尔岑——他的内心世界还像个莫斯科老爷。"

赫尔岑则评价车尔尼雪夫斯基说：

"他才智不凡，但也自命不凡，令人吃惊的是他居然深信《现代人》杂志竟能代表俄罗斯思想的高度。他认为我们这些罪人早该被埋葬。他们一直急着给我们作送终祈祷。我觉得他们的倒头经念得太早了——因为我们正活的起劲呢。"

不管谈判当时如何针锋相对，就在车尔尼雪夫斯基离开伦敦不久，《钟声》上又刊载了一篇有意和解的短文，赫尔岑在文中解释他是怎样撰写了一篇严重伤害俄国同行的文章。他谈到：

"如果使用的讽刺被看成是侮辱性的暗示，我们将十分难过。凭良心向你们担保，我们的本意根本不是这样……我们没有针对任何一位文学家，我们根本不知道那些文章的作者是谁——我们只是觉得有权说几句反对这些文章的话。并真诚地希望我们的建议会引起人们的注意。"

从伦敦回来以后，车尔尼雪夫斯基回了趟故乡探望年迈的父亲，9 月 1 日返回彼得堡。

1860 年初，第 64 期《钟声》杂志刊登了一篇署名"一个俄国人"的《外省来信》，虽然不能确定作者，但这封信的立场观点和语言风格，却酷似车尔尼雪夫斯基。信中清楚地提出不要相信沙皇的"善心"，因为这种"善心"已被历史和现实证明是不可能也

不可靠的：

"亚历山大二世登基以来，紧套在人们脖子上的枷锁被稍微松开了一点，于是有人便以为自己已经自由了。特别是一个个诏书下达后，更让人晕头转向——好像所有问题都解决了，农民自由了，政府进步了，言论自由了……但却忘了农民的命运还是掌握在不会放过任何得利机会的地主手里……亚历山大二世很快就会露出老沙皇式的本来面目……对沙皇的信念，已经贻害了俄罗斯好几百年……"

信的结尾，作者对赫尔岑大声疾呼到："过去您为问题的和平解决付出了许多努力，而事实是……只有武力才能从沙皇政权手中为人民夺得可靠的权利……我们可怕的、无法忍受的处境只有斧头才能改变，除了举起斧头，没有别的出路。请您改变一下调子，让您的《钟声》不再为祈祷而鸣，而是向人们发出警报！请您号召俄国人拿起斧子！"

赫尔岑对该《信》的答复，再次表明他当时与革命民主主义者的分歧有多么严重：

"只要还存在不用斧子就能解决问题的一线希望，《钟声》就不会发出要人们举起斧头的号召。"

不像数学题验证原理和公式那么简单和明确，思想战线上的斗争，文学艺术上的争鸣，在形势还不明显的时候，是很难判断是与非的。《钟声》杂志和《现代人》之间的争辩，很快就被沙皇用实际行动给他们评了分。

1861年实行改革后，沙皇政府对此起彼伏的农民暴动实行的血腥镇压，使得赫尔岑一下子清醒了。他结束了彷徨和动摇，终于站到了革命民主主义者立场上来。他的杂志也变了调子，第96

期《钟声》上写道："新的农奴制取代了旧的农奴制。一切根本没变。沙皇欺骗了人民!"

2. 风雨文坛

《口哨》与《钟声》的争论，仅仅是当时文坛的一个缩影。1850—1860年代俄国的文坛，也同当时激烈的社会斗争一样，充满着纷争。

当时有两大针锋相对的阵营。一边是由进步作家组成的革命民主主义者文学阵营，他们以文学为武器，针砭时弊、抨击丑恶，为即将展开的解放斗争摇旗呐喊。另一边，一批御用文人也纠集成营垒，以文学为欺骗人民、巩固农奴制度的舆论工具。两派的矛盾和斗争愈演愈烈，几乎无处不在，甚至《现代人》杂志的编辑部都因斗争导致了分裂。

早些时候的《现代人》杂志，曾成功地团结了一批进步的贵族作家，如像托尔斯泰、屠格涅夫等文学大师，他们为杂志贡献过不少杰作。但随着社会矛盾的激化，斗争的不断深入，编辑部的内部的矛盾也凸现出来。

就在车尔尼雪夫斯基刚从伦敦返回彼得堡不久的1859年9月16日，屠格涅夫从巴黎给赫尔岑写了一封信问道：

"其实，我给你写信，为的是想知道，车尔尼雪夫斯基是否真的拜访过你，其目的是什么，你觉得此人如何?"

屠格涅夫之所以这样提问，当然是有原因的。他不满意车尔尼雪夫斯基总是把文学评论与宣传革命思想密切结合的做法。自从车尔尼雪夫斯基掌管《现代人》以来，屠格涅夫就同编辑部开始疏远起来。

编辑部这边，车尔尼雪夫斯基和杜勃罗留波夫也从来不把自己的文学评论，当做是纯学术研究。特别是车尔尼雪夫斯基，更富于鲜明的战斗性和敏锐的眼光。他会以时代的高度去评价作品，关注着文坛的各种动向，一边毫不留情地批评落后、有害的倾向。另一边旗帜鲜明地支持一切积极、进步的倾向。

1858 年，在评论文章《约会俄国人》中，车尔尼雪夫斯基非常直接地批评了屠格涅夫的中篇小说《阿霞》中那个理论脱离实际、不守诺言、优柔寡断的主人公。他说这样所谓的"优秀分子"不过是"多余人"，他们绝不会成为"新人"的典范。他写道：

"'新人'将比那些'多余人'更优秀，他们正准备去和他们所痛恨的沙皇俄国的社会政治制度作殊死的决斗……"

杜勃罗留波夫则常把"新人"同那些已经老朽了的，成为时代障碍的温情主义的幻想家进行对比。他好像已经预感到，几年之后他翘首盼望的新人——平民知识分子和民主主义者，将会在车尔尼雪夫斯基的笔下出现。后者的长篇小说《怎么办?》里的确出现了新时代人物的模样。这些"新人"有着坚强、沉着、果断的品质。他们反对、憎恨夸夸其谈和孤芳自赏，而是同周围的生活有着密切的联系。自由派作家笔下的一系列主人公，缺的正是这种品质。

对屠格涅夫作品的批评一直有意无意地在进行。1860 年，车尔尼雪夫斯基一篇评论美国小说家霍桑的文章，间接涉及了屠格涅夫的长篇小说《罗亭》。

同一年，杜勃罗留波夫又发表了评论《前夜》的书评文章《真正的白天何时到来?》，文章从革命民主主义立场出发，指出俄国社会已处在大革命的"前夜"，并大声疾呼"新人"的出现。他写道：

> "每一天的意义只因是另一天的前夜而存在的。新的一天总会到来！而且，无论如何，在前夜离开后下一天就不远了，一夜之隔，就会是新的一天!"

本来屠格涅夫就羡慕温和的立宪制，与革命民主主义根本格格不入，这种革命性的诠释当然使他害怕。于是他声明拒绝为《现代人》撰稿。这篇评论最终导致了屠格涅夫与《现代人》的决裂。

1860 年初，屠格涅夫与车尔尼雪夫斯基在一次朗诵会上一相见就围绕《真正的白天何时到来?》一文争辩起来。争论中提到杜勃罗留波夫，屠格涅夫气愤地说：

> "您是一条还可以忍受的普通的蛇，而他却是一条我受不了的眼镜蛇!"

屠格涅夫认为自己与杜勃罗留波夫将势不两立，就给涅克拉索夫写了一封只有两句话的信：

> "您选择吧，我还是杜勃罗留波夫!"

尽管和屠格涅夫私交甚笃，但在大是大非面前，涅克拉索夫是不能让步的。《现代人》不妥协地坚持彻底的革命民主主义方针，使得另一些徘徊于贵族自由派与革命民主派之间的作家，如格里戈罗维奇、冈察洛夫、奥斯特洛夫斯基、列夫·托尔斯泰等著名作家，也都纷纷脱离了《现代人》。

现在和三年前不一样了，那时代管《现代人》的车尔尼雪夫斯基最关心的是如何吸引并团结像屠格涅克、列夫·托尔斯泰、奥斯特洛夫斯基等这样的大作家。现在他已经确信这种愿望不可能实现了。因为他们的政治理想和人生道路都不同。在《论战之美》一文中，车尔尼雪夫斯基对屠格涅夫离开《现代人》就是这样认识的：

"对于屠格涅夫来说，很清楚，我们的思想他是不会表示赞同的。而我们也已觉察到屠格涅夫先生新近的小说不再像以前的作品一样符合我们的看法。那时他不清楚我们的办刊方向，我们也不了解他的创作倾向。如今，在充分认识和了解双方之后，我们就只好分道扬镳了。"

知名作家纷纷离开《现代人》，一时传得沸沸扬扬。进步分子对杂志的命运充满担忧，反动文人却暗暗高兴，就等着看《现代人》失去大文豪们支持后一蹶不振的结果。这种情况没有动摇涅克拉索夫和车尔尼雪夫斯基保持杂志方向的决心。《现代人》1862年的出版情况通告里，他们作出了如下申明：

"《现代人》为不能继续获得这些作家的赐稿而深表遗憾。我们期待他们的优秀作品，但不想因此而放弃本刊正确和正当的基本宗旨。"

山重水复疑无路，柳暗花明又一村。没有了几位名家，杂志照样办的红红火火。

因为导向更明确，文章的革命精神更强烈，这份杂志的影响迅速扩大，销路节节上升，团结的群众不断增加。现在和车尔尼雪夫斯基并肩战斗的是另外一批人，他们秉持着共同的信念、有着共同的目标，很快就形成了一个新的战斗集体，一起推动俄国的社会变革。正是这一伟大的理想把杜勃罗留波夫、米哈伊洛夫、萨尔蒂科夫—谢德林、舍尔古诺夫、塔拉斯·谢甫琴柯、谢拉科夫斯基以及许多大学生和青年军官等人更紧密地团结到了《现代人》的周围。近似于别林斯基当年的情形，杂志的领导者车尔尼雪夫斯基的威望迅速树立起来，只是比前者影响更大，范围更广。

3. 主编《军事文集》

车尔尼雪夫斯基的编辑生涯，不只限于《现代人》，1858 年，还被军事科学院邀请主编过《军事文集》。

车尔尼雪夫斯基除了在萨拉托夫中学任教过，还曾在彼得堡第二武备中学教了几个月的文学理论课。那段时间，他结识许多军内人士，这些军人朋友中，有一个卡尔采夫将军，他是近卫军团的军需官，还是位军事作家和军事学院的战术教授。

1858 年，正是这位卡尔采夫将军，邀请车尔尼雪夫斯基出任一份军事专业杂志——《军事文集》的主编。

编辑出版这份杂志的主意，是参谋学院教授、后来曾任陆军大臣的米柳京于 1856 年提出来的。克里米亚战争的失利迫使沙皇政府考虑进行某些改革。其中军队改革的问题占有显著的位置。当时米柳京在给陆军大臣的报告中谈到了办杂志的必要性和迫切性："为了建立一支训练有素的军队需要一批军官，他们不但要

熟悉自己的专业，还要熟悉各种武器。为了提高他们的军事水平，并在他们中间传播文化。有必要出版一份面向广大军官阶层的军事杂志。"

米柳京的想法当时没能实现。因为他不久就离开彼得堡到高加索集团军去了。但办杂志的设想，则被独立近卫军团司令部所重视，为了最后落实《军事文集》的出版，还成立了一个特别委员会。杂志内容由四个主要栏目组成：1．官方文告栏（沙皇诏书和军方的命令）；2．军事科学栏（战术、战史、军事统计学、军事行政、筑城学和炮兵学）；3．军事文艺（栏军队生活故事、回忆录、游记、传记）；4．综合栏（包括书刊评论）。

杂志的发起人，时任近卫军总参谋部军需总长的卡尔采夫将军，想找一位经验丰富、在读者中有声望的作家来主持编辑工作。于是他们便想到了车尔尼雪夫斯基。可以肯定，如果他们了解车尔尼雪夫斯基的思想，以后就不会有那么多的故事了。

车尔尼雪夫斯基同意加入《军事文集》编辑部，因为他知道这是一个可以在军界广交朋友、宣传思想的好机会，就认认真真担任起主编来。为了宣传造势，培养军官们的写作志趣，编辑部向军队各单位寄发了消息。又在《俄国残废军人报》上刊登由车尔尼雪夫斯基起草的征稿通知，通知的结束部分很有鼓动性：

"许多经验丰富、非常优秀而又对自己军队非常了解，却苦于所谓标准语言的限制，难于通过报刊将他们的成果发表出来的人，现在可以打消这种顾虑了，因为本杂志深谙事理比华丽的辞藻更为重要。假如您的文章能清楚地表达有意义思想，那么您的文章将会因其内在的优点而被珍视，本杂志也觉得这样的文章会给自己增添光彩……"

出版杂志的消息很快传开了。虽然由于书报检察机关的干扰，第一期5月份才出版。但杂志还是在军队中受到欢迎，创刊当年发行量就达到了6000册，而车尔尼雪夫斯基参加编务之初只希望能达到2000册。这个数字在当时太出乎意料了，所以《军事文集》第三期上不得不刊出一则通知：

"订户数目超过了预料，第一次印刷本和重印本都已订完。请恕本年度不再接受新订户。"

和在《现代人》一样，《军事文集》的成功也离不开杂志周围的由几十名军官组成的创作积极分子的加入。

作为《军事文集》主编的车尔尼雪夫斯基，他本人没有在杂志上发表作品，而是沙里淘金，挑选投到编辑部来的稿件。而且为了少受约束，不依附于将军们，他连军籍都没要，始终属于编外的职务。车尔尼雪夫斯基的分工主要是负责给文章润色和负责管理杂志的庶务工作。

主管部门派给车尔尼雪夫斯基的两名助手都是军事学院的教师，一位是奥布鲁切夫大尉，另一位阿尼奇科夫中校。两人都是他的知交，与他思想也比较一致。受车尔尼雪夫斯基的影响，他们在负责纯军事内容文章的审核时，也尽量贯彻车尔尼雪夫斯基的编辑方针——揭露军内和国内陈腐的制度。

那一时期的《军事文集》在车尔尼雪夫斯基主持下，发表了大量正视军队的阴暗面和揭露当局在克里米亚战争期间不力表现的文章。编辑部还就一些值得关注的重要问题启发人们思考：如废除军队的体罚制度、尊重士兵的人格、减轻百姓的负担、改革兵役、提高军官素质等等。

杂志还不放过一切机会宣传彼得一世、苏沃洛夫、库图佐夫

等俄国军事家的优秀传统。

不言而喻，《军事文集》的这一倾向，肯定要引起反动军界的敌视。有爵位的军人——参谋副官苏马罗科夫伯爵和勒热武斯基伯爵，很快就在报刊上撰文攻击《军事文集》。其中的一位甚至指控《军事文集》编辑部在散布"有害谬论"。军队的书报检察官施蒂默尔上校也写了一个告密性质的反映《军事文集》问题的情况报告。

武装部长接到报告后，立刻叫车尔尼雪夫斯基写一份说明呈报沙皇，作为对秘密报告的澄清。在这份说明里，车尔尼雪夫斯基坚决捍卫编辑部所奉行的大纲的正确性，勇敢地驳斥了施蒂默尔的指责。他说施蒂默尔"在对荣誉的理解方面和俄国军队大多数军官不一致"。他还指出："《军事文集》的方向不是编辑部，不是近卫军团的领导，而是俄国军队的军官们全体所赋予的。"

尽管车尔尼雪夫斯基所写的答复逻辑严密，无懈可击地将书报检察官的指控一一驳倒，但那些反对《军事文集》遵循暴露方向的掌权者却不肯让步。事情竟发展到《军事文集》只出了7期就被勒令停刊，车尔尼雪夫斯基被迫辞职，编辑们也受到申斥并被全部撤换。卡尔采夫本人也受牵连，抑郁成疾，气得生了一场大病。

1858年底车尔尼雪夫斯基离开杂志后，《军事文集》再度复刊，可是这时的编辑部已经完全被置于陆军大臣的控制之下。他任命了一名少将为杂志的新主编，《军事文集》由此便蜕变成了一份纯官方性质的刊物了。

4. 揭露农奴改革骗局

不但曾经在文学领域有着卓越的贡献，在杜勃罗留波夫接手《现代人》的文学评论栏之后，车尔尼雪夫斯基的文章涉及了更广阔的领域。

当时的政治、经济、历史、哲学和时评无不在尔尼雪夫斯基的关注之内。

克里米亚战败后，国内要求废除农奴制的呼声日益高涨。紧迫的形势迫使新继任的沙皇亚历山大二世认识到，为了防止革命的爆发，"与其坐视农民自下而上起来革命，不如主动由上面下令来解放农民"。

1857 年初，为了应付危机，以沙皇为首的秘密委员会成立了。随后各省也成立了大大小小的委员会，这些委员会仅制定各种解放方案就用去了五年时间，其实质根本不在解决农民问题，除了拖延时间，还在于寻找和制定掠夺农民的新形式。"纸包不住火"，这些官僚机构的种种阴谋诡计终于显露出来——继续维护地主的利益。

全国的注意力都集中到农民问题上来，汹涌的社会波涛把这个问题从政府的各种委员会冲到报刊上。尽管备受奴役的人们知道自己可能会被这些委员会出卖，他们还是如饥似渴地探听关于"自由"的没踪影的传闻。

围绕农奴制改革，形成了两种观点。既得利益者资产阶级和农奴主们主张在不改变基本制度的前提下，可以在当局领导下进行有限的改革。其代表人物卡维林甚至很露骨地说："从上而下地废除农奴制，将会使俄国稳定 500 年。"

　　与此相对立的另一派是革命民主主义派。他们考虑广大农奴的利益，竭力主张以自下而上的革命方式废除农奴制，呼吁要将土地无偿分配给农民。

　　两派力量针锋相对，形成了两大对立的阵营。领导革命民主主义阵营的任务，历史性地落在了车尔尼雪夫斯基肩上。

　　这时候车尔尼雪夫斯基的思想，已经通过《现代人》杂志广为流传，千千万万的读者都从中得到教益。如同当初的韦津斯基和涅克拉索夫一样，不少人慕名而来，他家里经常高朋满座。每逢星期四还要约定俗成进行一次大聚会。来拜访他的有各种职业和地位的人：教授、文学家、军人、大学生及普通群众。自然而然这里形成了一个国内进步思想的交流中心。

　　他的妻子奥莉佳热情支持丈夫，每次聚会丈夫和友人密谈时，她都组织大家在一边进行各种娱乐活动，把气氛营造的像在开家庭游艺晚会，以便为他们的革命活动作掩护。这个"交流中心"的影响力非常大，50年代末至60年代初俄国出现的多个革命组织，都与它有联系。如其中最大的一个秘密革命小组"土地与自由社'的建立，就凝聚着车尔尼雪夫斯基的心血。

　　作为俄国思想文化精英的车尔尼雪夫斯基，他以批判为武器，始终坚持着正确而坚定的立场。1857年同反动经济学家论战伊始，就主张必须维护农民土地村社所有制的武器。他所写的关于农民问题的文章中，有一篇题为《论农村生活的新条件》，文中鲜明地提出当权者要"无偿把土地分给农民，无条件彻底解放农奴"。文末所附的《现代人》致读者的话还说："现在全国都在关注农奴制的废除问题……为了满足读者的需要和愿望，本刊将从下期（1858年第5期）起开设《废除农奴制》专栏。"

不过，由于刊物所拟的名字不合当局的规定，书报检察机关责令其整改，于是栏目标题变为《对领地农民的生活安排》。不过这仍是一个讨论农奴制改革问题栏目，其中大部分文章出自车尔尼雪夫斯基本人之手。他在文章中以充分的说服力深刻地指出农奴制的不合理，分析了废除农奴制的迫切性。

这些文章很快引起了沙皇政府的警觉。书报检查总局也认定这些文章恶意攻击政府。于是宪兵头目亲自下令，严厉追查文章作者，并给予相关检察官以警告处分。

在各种猜测观望以及焦急的等待中，沙皇亚历山大二世终于在 1861 年 2 月 19 日签署了废除农奴制法令和阐述改革的《条例》。

这种结果早就被车尔尼雪夫斯基言中——完全是一场不折不扣、精心炮制的骗局——改革丝毫不能满足农民的要求，他们期望不用缴纳赎金连同土地一同得到解放，而实际上却更大程度上依附于地主。因为根据条例的规定，他们要在继续受奴役的条件下租赁地主的土地。

这个"废除农奴制法令"，一点也没触及贵族地主的利益。难怪沙皇接见贵族代表时直言不讳：

"为了保护土地所有者的利益，凡是我能做到的一切，都做到了。"

如此"解放农奴"，实在令全俄国农民大失所望。改革前农民辛辛苦苦耕耘成熟的沃土肥地，大多被地主抽回。而今只好以更为苛刻的条件，向地主租赁土地来耕种。"解放"的实质，乃是给农民加上一道更沉重的枷锁。

长期渴望解放的社会底层的广大农民，从亲身的感受明白自

己被沙皇欺骗了，终于忍无可忍，爆发出愤怒的吼声！山雨欲来风满楼，一场革命的暴风骤雨即将席卷俄国大地！

暴动浪潮的重新高涨是受骗的农民对改革的回答。仅在1861年就有1200起暴动席卷了俄国欧洲部分47个省当中的45个。规模最大斗争、最激烈的一次暴动发生在喀山省的别兹德内村，附近的农民高举红旗，高喊革命口号，聚集在一起抗缴租税。沙皇亚历山大二世一接到报告，就毫不犹豫地派军队残酷镇压，当场打死打伤300多人，又很快把领头起义的组织者安东·彼得罗夫处死。

尼古拉二世对农民起义的残酷镇压还激起了学潮。在喀山，大学生们罢课游行，抗议当局的残暴行为，集会悼念被枪杀的农民。彼得堡的大学生们也奋起响应，他们也纷纷走上街头，举行示威游行，抗议当局虚伪的农奴制改革和新颁布的镇压学生运动的条令。尼古拉二世又一次显露出老沙皇般的獠牙来，他派出警察军队，逮捕了数百名游行的学生，把他们囚禁在喀琅施塔得要塞。

消息传到国外，也激起了流亡海外的知识分子的抗议。赫尔岑也清醒了，他的《钟声》杂志立刻转向，严厉谴责沙皇政府对人民的欺骗以及对起义者和大学生的残暴镇压。

公布改革法令的日子涅克拉索夫正在家中生病。车尔尼雪夫斯基一早想同他谈谈杂志的事务，那个早上一进门他就发现涅克拉索夫怒容满面地躺在床上，两眼直直地盯着报纸。见了车尔尼雪夫斯基，他抖了一下，忽的一下子坐起来，使劲地挥着那张报纸，激动地大声喊道：

"你看，这就是'自由'！这就是'自由'！……这就是他们给的'自由'！"

两分钟后，在他停下来喘气的当儿，车尔尼雪夫斯基倒冷静地告诉他：

"难道还曾抱过什么幻想？这个结果早就在预料之中了。"

的确，以车尔尼雪夫斯基为代表的革命民主主义者，早已看透了沙皇政府的这套伎俩，他们根本没抱过任何幻想。他们的理想，就是想以暴力革命的方式，推翻沙皇专制，摧毁农奴制，然后把土地无偿分给农民。

现在，他们觉得是时候了。于是他们马上行动起来开展宣传鼓动工作。他们想把各地自发的暴动，汇集成一股有组织的革命力量。

一位战友谢尔贡诺夫起草了《士兵的同情者向沙皇的士兵致敬书》，诗人米哈依诺夫也起草了《告青年一代书》。车尔尼雪夫斯基则亲笔起草了《农民的同情者向贵族统治下的农民致敬书》。这份传单以杰出的鼓动艺术无情地揭露了使人们世世代代遭受奴役的国内头号地主、专制君主沙皇的罪恶。文章以通俗的语言揭露了政府所谓的农奴制改革的骗局。文章还劝告农民丢掉一切幻想，与士兵联合起来，一同行动，以斧头的力量推翻沙皇制度，为自己争得土地和自由。

毫无疑问，车尔尼雪夫斯基当时的思想是最激进的，同时也是最接近科学社会主义的。但由于受到所处时代的局限，他不可能懂得历史发展的规律——只有资本主义发展到一定的程度，才能为社会主义奠定物质条件。

再说，农民的力量相对弱小、思想觉悟又还很低，而沙皇国家机器的力量却很强大，尽管英勇的起义农民前赴后继，但由于

他们所处的历史发展阶段革命时机还远没有成熟，他们的革命目标是不可能实现的。车尔尼雪夫斯基仅仅把革命的希望寄托在散发农民起义传单上，却不知道组织先进的政党来领导，这说明他的思想还未能超越出空想社会主义的窠臼。

这既是车尔尼雪夫斯基的不幸，更是俄国历史的不幸！

十一、铁窗中的斗争

1. 被捕陷囹圄

1860 年代初全国各地轰轰烈烈的农民暴动，不到半年就先后被各个击破镇压下去了。支持起义的革命民主主义者也陆续遭到了清算。这一年，上半年闹革命风风火火，下半年跌落低谷灾难频频。到年底，首都彼得堡气氛异常紧张，大学校园不断出现学生请愿。由于早已打入内部的奸细的出卖，车尔尼雪夫斯基的朋友，革命诗人米哈依洛夫早就因写传单而被逮捕，于 12 月 14 日，在赛特内依广场被公开宣判流放西伯利亚。

车尔尼雪夫斯基也面临随时入狱的危险。由于头两年《军事文集》事件，加上在近一段时期《现代人》上发表的《论农村生活的新条件》等一系列文章，沙皇政府早就视车尔尼雪夫斯基为眼中钉，肉中刺，必欲除之而后快。第三厅早就侦知此人是革命阵营的精神领袖，将他列入危险人物黑名单。当局之所以没有立即逮捕他，唯一的原因就是还没拿到证据。第三厅已派出大批密探随时监视车尔尼雪夫斯基，一张罪恶的黑网已经悄然地张开。

车尔尼雪夫斯基头上阴云密布。1860 年底到 1862 年的头半年短短的一段时间，他失去了许多亲人和朋友：儿子、父亲、亲密

的战友杜勃罗留波夫、舍甫琴科……一连串打击不断袭来，那真是一段艰难的岁月。

1861 年春，他得知父亲病情日益严重，心脏病重的连上楼都很费劲，就深感不安，于 8 月中旬动身匆匆回了一趟老家见了他老人家最后一面。不久他的一个小儿子也不幸夭亡。11 月 17 日，他最亲密的战友、仅仅 25 岁的天才文学评论家杜勃罗留波夫，也因贫病交集、忧郁愤懑而溘然长逝。

杜勃罗留波夫的逝世对车尔尼雪夫斯基绝对是一个沉重的打击。他与车尔尼雪夫斯基情同手足，心灵相通、在严厉的书报检查制度管制下，他们作为《现代人》杂志的顶梁支柱，互相支持，共同担起革命民主主义阵营中坚的重任。车尔尼雪夫斯基无限怀念他的亲密战友，悲痛之情久久难平。

为了搜集"罪证"逮捕车尔尼雪夫斯基，秘密警察第三厅紧锣密鼓行动起来，几乎想尽了各种恶毒办法，使出了各种卑鄙招数。

他们不断书写匿名恐吓信，警告车尔尼雪夫斯基。在他的住所四周安插便衣密探，日夜监视其行动和往来接触的人员。重金收买他家的佣人，充当官方的耳目。更有一批御用文人为虎作伥，挥舞如刀之笔为政治迫害大造舆论。其中有一个卡特科夫，在《俄罗斯通报》上疯狂咒骂车尔尼雪夫斯基：

> "你不杀人放火、你不打不砸，但是，在你可能的限度内，你就做出完全和这些相当的行动。你有着……各种各样的狂暴行动的本性……"。

也不知是官方的走狗或是别有用心之徒，给第三厅投送黑材料故意伪造民意：

> "车尔尼雪夫斯基是青年的头目，……是个诡计多端的社会主义者……如果你们不除掉他，必然会酿成大祸，就会要流血。俄罗斯不应有他的立足之地，他在哪儿都是危险分子……为了公共的安宁，把我们从他的手下解放出来吧！"

有的则公开叫嚣：

> "把车尔尼雪夫斯基一伙以及《现代人》一起消灭掉……这是社会的敌人，而且是极端危险的敌人——比赫尔岑更危险！"

沙皇政府早就打算"收拾"车尔尼雪夫斯基，内政部长怕他出国，密令各省不得发给他护照。特务们也日夜监视他。所有来车尔尼雪夫斯基家的人都被秘密记录下来。类似的报告到他被捕时竟达到113份。

负责此事的第三厅更有毒辣阴险的一招——暗中派一个名叫斯托马罗夫的文化特务混进作者队伍，伺机从内部进行破坏。这还不够，车尔尼雪夫斯基家里的女仆也给收买了，12月的一天她曾把主人让她烧毁的信件交给了第三厅。

1862年5月底，当局借口彼得堡发生的特大火灾采取行动，逮捕了很多学生和知识界的嫌疑分子，又强制封闭星期日成人学

校、国民阅览室等公共机构。6月，《现代人》和《俄罗斯言论》两家杂志遭到查封，被勒令停刊8个月。

车尔尼雪夫斯基十分清楚，《现代人》所受的打击是因他而起，但他无怨无悔，早年他就说过，为了祖国，他连生命都肯奉献。现在他享有的自由已经不多了——当局正在找借口，以便控制他的人身自由。

夏天，他们终于找到了一个借口——在边境检查站，秘密警察在一个由英国伦敦来的可疑入境者的身上搜查出一封赫尔岑给尼古拉·谢尔诺·索洛维耶维奇的信函。信中提到想同车尔尼雪夫斯基一起在伦敦或者在日内瓦出版《现代人》的想法。

这一发现使得警察当局如获至宝，仅仅赫尔岑的信中提到车尔尼雪夫斯基，就构成了逮捕他的冠冕堂皇的借口。经过一番左思右想，当局决定立即逮捕车尔尼雪夫斯基。

1862年7月7日的深夜，沙皇政府出动大批宪警，突然搜查了车尔尼雪夫斯基的住所。他们抄走了全部书信和手稿之后，还逮捕车了尔尼雪夫斯基本人，把他送到曾经关押过许多政治犯，号称"俄国巴士底狱"的彼得堡要塞的阿列克赛三角堡中。关押他的房间，是11号牢房的一间狭小、阴暗、潮湿而寒冷的石室。

车尔尼雪夫斯基的巨大影响力，始终是压在当局心头的一块重石头。抓捕的事情没有惊动市民群众，没有引起抗议骚动，干得干净利落，使得具体执行任务的宪兵司令和第三厅终于松了一口气："感谢上帝，昨夜全市平安无事，……逮捕进行得很成功。"他们不知道，这个一直让他们痛恨的人不久后将会使他们更难堪。

车尔尼雪夫斯基被捕的消息传到国外，远在伦敦的赫尔岑感到非常震惊。这时的他回想起三年前的那场争论，真是后悔极了。他佩服车尔尼雪夫斯基的远见卓识和勇敢精神，在新出版的《钟声》杂志称赞他是最优秀的俄国政论家、争取祖国人民自由的斗士。

2. 囚室中的斗士

给车尔尼雪夫斯基"定罪"可是一件老大难的是事情。即使政府为此成立了专门委员会也不能免除这种尴尬的情况——除了那封赫尔岑的书信，从车尔尼雪夫斯基家里搜查来的文稿和信件里，竟找不出一点顶用的"罪证"。

于是亚历山大二世及其帮凶决定用卑鄙的手段来诬陷车尔尼雪夫斯基。出卖米哈依洛夫的那个无耻的奸细柯斯托马洛夫在这次阴谋中又一次起了主要作用。实施这一阴谋需要很长时间，所以车尔尼雪夫斯基被关了 4 个月才第一次被传讯。对他的指控也是含含糊糊的，说他"与俄国流亡者及进行恶意宣传的人交往"对他软硬兼施，提出只要他与政府合作，自己承认有罪，就可从轻发落。车尔尼雪夫斯基凛然不屈，驳斥了这种指控。

于是在僵持中，官司就拖延下去。专门成立的审讯委员会这时一点也没闲着，它正在执行着沙皇政府必欲置这个不共戴天的革命者于死地的指示，费尽心机地寻找伪证人，歪曲事实，假造书信笔记，捏造"罪证"，为配合当局迫害这位 60 年代解放运动的领袖人物"寻找"法律根据。

当局的这种想除掉车尔尼雪夫斯基等人狠毒用心，在亚历山大的一封信中表露无遗：

"……车尔尼雪夫斯基……终于有足够的证据表明他与赫尔岑有联系，也有一套进行革命宣传的计划。因此，我们找到了万恶

之源，愿上帝保佑我们制止罪恶的继续蔓延。"

在这种思想的"指导"下，当局花了大约两年时间来排练这一系列审讯的丑剧。

车尔尼雪夫斯基始终表现出非凡的勇气和克制态度，他以非凡的机智和不容置辩的逻辑力将起诉人的诡计一个个戳穿。

头几次审讯情形差不多，车尔尼雪夫斯基发现审讯委员会没有掌握他从事革命活动的材料和证据。就在写给沙皇及彼得堡军事总督的信中大胆指出当局有意拖延案件的审理，要求立即释放他。

但同时他也清楚，等待他的不会是释放，而是更严峻的考验。为此他做好了一切准备。他从要塞给妻子写信说：

"我只向你说明一点，我的生命属于历史，几百年后，当所有与我们同时代的人已被人们遗忘的差不多的时候，那时的人们还会以感激的心情提到我们。我们不应该让研究我们历史的人耻笑我们，我们要振奋精神。"

在同要塞司令及监狱管理当局打交道时他也表现了相当的勇敢精神。他的一些信件全用第三人称写的："车尔尼雪夫斯基的意见是……""车尔尼雪夫斯基认为……""车尔尼雪夫斯基要求……"

因与妻子会面的请求没有得到肯定的答复，车尔尼雪夫斯基首开俄罗斯政治犯绝食斗争的先例，宣布拒绝进食，抗议当局对他的非人待遇。当局被迫让步。1863年2月，奥莉佳获准在监狱当局人员在场的情况下和丈夫会面。那次会面大约两个小时。人已消瘦却还精神饱满的车尔尼雪夫斯基安慰他的妻子，告诉她说他至今没被释放的原因是当局不知该把他怎么办。"抓错了，指控得不到证实，却又闹得满城风雨。"

他请求亲友给他送点书刊来。当贝平娜去要塞探望他时，竟看到他此时还能同时做几个方面的工作：撰写政治经济学文章、创作长篇小说、为历史著作收集材料……"这种处境下，他竟能写出东西，简直是奇迹！"她惊讶地说。

在车尔尼雪夫斯基忙着著述的同时，审讯委员会也没有闲着，他们那卑鄙的计划也准备得差不多了，"案件"将进入最后的"审理"阶段：

"案件"将根据奸细柯斯托马洛夫模仿车尔尼雪夫斯基的笔迹写的一些犯禁的信件进行判决。那个柯斯托马洛夫，曾以自由主义作家身份和《现代人》杂志编辑部有过交往，所以熟悉车尔尼雪夫斯基的一些情况。他还杜撰了一些所谓的车尔尼雪夫斯基的亲笔手稿。为了证明这些假信是真实的，把局做得更像真的，审讯委员会又收买了一个无赖汉、酒鬼雅科夫略夫充当证人。结果那天的情况先是车尔尼雪夫斯基义正词严的当面对质驳得叛徒柯斯托马洛夫无言对答，接着酩酊大醉的证人自己竟把受人收买如何被要求作伪证的事全盘抖出。

这真是弄巧成拙，搞的那些审讯官狼狈不堪。出乖露丑之余，他们千方百计的搅浑水，拖延时间企图以疲劳战术让这个难缠的囚犯屈服。然而车尔尼雪夫斯基却坚强不屈。他当庭斩钉截铁地宣称：

　　"无论你们把我关多久，即使我头发斑白，即使我老
　　死狱中，我决不会改变供词、承认有罪的！"

　　虽然在审判中他的斗争取得了道义上的胜利，但他并不可能被这一点小小的胜利冲昏头脑。铁窗内的车尔尼雪夫斯基，回忆起 10 年前的往事来。他想起求婚时和奥莉佳的谈话，他曾告诉她自己预感到未来的命运是什么。那时预言将发生的事情，今朝都到眼前来了。他清楚目前的形势，那次会见就曾对妻子说过：

　　　　"……找不到任何罪证，却把我当做重大嫌疑犯，缠住我不放……我怎么办？只有沉默，沉默。假如我有大胆而激烈地表现会怎样呢？那就只好在监狱里待着了。"

　　可见他对当前的一切是早有心理准备和应付策略的。作为革命家，身陷囹圄并不等于解除武装停止斗争。作为文人，他斗争的武器只能是笔。他将面临长期的监禁，他不想停止斗争，但是当局可能允许他发表和从前一样的文章吗？他的斗争，不得不变换方式了。

　　在等候审讯的日子里，车尔尼雪夫斯基在一份供词中非常机智地提出一个要求：

　　"我如今在押无法卖文赚钱，家属孩子生计艰难，因此要求在狱中读书和写作。我将不再写评论文章，而是仅仅翻译点外国文学，写点家庭生活之类的消闲文艺小说好赚钱。"

　　在给侦查委员会的一封正而八经的信中，他又巧妙地表白说：

　　　　"其实，我早想成为一个小说家。可是像我这样的人，不宜在年轻时代就动笔创作。要不是因为现在被关起来缺钱的话，我是不会在 35 岁这样年轻就开始写小说

的。你们都知道，卢梭和英国作家戈德温都是大器晚成。写小说是一种严肃而郑重的事业，是一个人成为老头子才能胜任的事。我搜集材料是为晚年搞创作而准备。"

车尔尼雪夫斯基此前的确没有写过小说，他那表面看来近乎天真的请求也没有那么简单，一个热情洋溢的革命者怎么就会这样消沉，一个不懈地追求真理和解放的斗士岂能如此轻易地缴械？当初他就把传播社会主义思想、宣传和普及唯物主义看得高于一切，现在他也不可能只为了钱才写小说。决定他写小说的原因只是当时他的处境——身处囹圄，只有小说才能作为最后的武器来隐蔽的宣传他的革命思想。

当局被轻易地骗了过去。于是，身居囚室的车尔尼雪夫斯基在等待判决期间，除了翻译各种历史文献和文学名著之外，真就认认真真地写起小说来了。

他的小说创作大获丰收。据统计，在678天里他写了不少中篇和短篇，总共写出了200多个印刷页的著作。当贝平到监狱探望他，看到大包手稿时，几乎被他的超人毅力和写作速度惊呆了。那段狱中的日子他完成了《阿尔菲利耶夫》，《小说中的小说》，《自传片断》和《小小说》。其中最有价值的是影响了几代人的长篇名著《怎么办?》

3. 《怎么办?》

1863年2月4日，星期一。这一天，《圣彼得堡警察新闻》上刊登一则寻物启事：

遗失手稿启事

2月3日，即星期日下午一点，本人在铸造厂街和巴塞恩街转角处，遗失一个包裹。内有装订整齐的两本手稿，标题是《怎么办?》。若有人拾得这个包裹，请送到克拉耶夫公寓涅克拉索夫处，即可获得酬金50银卢布。

启事所提到的手稿，就是车尔尼雪夫斯基在狱中刚写完的长篇小说《怎么办?》的头几章。这部长篇小说是车尔尼雪夫斯基被囚禁要塞时利用审讯，宣布绝食以及给相关部门写抗议书的间歇写出来的。就在手稿遗失启事发布的这天，医师向要塞司令报告说，车尔尼雪夫斯基又宣布绝食。

1863年1月26日，车尔尼雪夫斯基把手稿的开头几章上交警察总监。只会侦察破案，未必懂得文章的总监按规章审查后没发现问题，于是车尔尼雪夫斯基趁表弟贝平探监之际，请他将手稿带出去转交给《现代人》编辑部。

涅克拉索夫觉得这部小说应该尽快在《现代人》杂志上发表。2月3日那天在他亲自把手稿开头几章送往印刷所的路上，不料竟把它弄丢了!

这则遗失启事在《圣彼得堡警察新闻》上接连登了三次。转眼之间4天过去了，还是一点消息都没有。"手稿真的丢了!"涅克拉索夫感到绝望，他自责为什么不在所有的报纸上都刊登这则启事。他还打算定出更高的赏格。

第五天果然有了消息。他正在英国俱乐部用餐，家人送来一张纸条："手稿送回来了……"那么，这部涅克拉索夫如此看重的小说究竟是一本怎样的书呢? 在《怎么办?》动笔之前，车尔尼雪夫斯基曾在给奥莉佳的信中提到过这部小说的写作目的："我想编一本各种读者都能使用的《知识和生活百科全书》，然后再把它改为一部通俗易懂的长篇小说，让除了小说什么都不读的人也喜欢读它。"

《怎么办?》就是这些计划的第一步。这不再是针砭时弊的论文，而是为改造社会，为祖国和人民的幸福未来而斗争的百科全书。可是，从狱中往外写信，这一设想是不能讲的。

从 1862 年 12 月 14 日开始写作，到次年 4 月 4 日完稿，在小说创作的 110 天里，《怎么办?》的每一章都顺利通过审查的环节，然后才得以在《现代人》杂志 1863 年的第三、四、五期上连续刊载。直到小说在杂志上刊登完毕，已经激起强烈的反响，当局才觉察到有关部门的失职。于是急忙下令查禁这部小说，并撤职查办"渎职"的检查官员。

这部小说为什么会蒙混过关的? 可能是检察官看到审讯委员会在手稿开头部分盖的章，不敢说三道四提出相反意见；也可能是检察官先生目光短浅，发现不了问题。但不可忽略的是，坐牢前的车尔尼雪夫斯基就不止一次的成功地愚弄过检察官。这一次他非常机智地把政治小说说成是可供消遣的纯粹的"家庭读物"，可能是挽救这部长篇小说的最主要原因。且看一下车尔尼雪夫斯基为通过审查给小说进行的各种巧妙的伪装吧!

这部小说各章标题的设计同当时流行的趣味小说十分相像：

第一章　韦拉·巴夫洛夫娜在娘家的生活

第二章　初恋和合法婚姻

第三章　婚后和第二次恋爱

第四章　第二次结婚

……

这些标题乍看起来不够严肃，好像就是为普通读者提供的消遣性的家庭小说，难怪呆头呆脑的书报检察官一看就上当。除了标题，小说的一些语言也被作者故意弄得很离奇，最明显的就是小说以纯粹的惊险侦破小说的笔法开篇，《一个傻瓜》开头就由一起死不见尸的自杀案件来引出整个故事：

> 夜里——那一夜有云，黑沉沉的，——两点半钟，利坚桥中央忽然火光一闪，发出手枪的声音。看守桥梁的听到枪声马上奔过去，几个过路的也聚拢了，但是发出枪声的地方竟不见一个人或一件东西。可见这不是杀人，而是自杀。

究竟发生了什么事？他(她)的命运如何？扑朔迷离的场景，悬念迭起的事件，故弄玄虚的语言，这正是那个时代炮制消遣读物的常用手法。在《怎么办？》没有发表之前，关于它的消息就在社会上沸沸扬扬的传开了。无论作者的朋友还是敌人，都在焦急地等待着。看了他小说相关标题和部分段落的宣传文章之后，一些文学沙龙甚至幸灾乐祸地期待着这位"文学青年的偶像从他的崇高的地位上跌落下来"。但是这些恶意的妄想都没有变成现实。

这部在极为特殊条件下写成的小说，虽然正如他事先保证的那样，描写的是家庭生活，但是既不无聊，也不惊险曲折。它的基本情节倒是相当简单的：

青年女子薇拉·巴甫洛芙娜勇敢抗拒父母包办婚姻的企图，在医学院学生、她的家庭教师罗普霍夫的帮助下脱离家庭。两人一起逃离火坑不久，热心参加社会活动的薇拉在丈夫和朋友的帮助下，创建了一家实行社会主义原则缝纫工厂。他们一起共同生活了两年，薇拉对罗普霍夫的友人吉尔沙诺夫产生好感。罗普霍夫感到他们两个更为性情相投，为了使心爱的人得到幸福，便设计了开头那个假自杀的场景，以摆脱纠葛，使他们能够结合。之后他隐名埋姓，受职业革命家拉赫美托夫的委托，悄然出国进行革命活动，几年后化名毕蒙特由美国回到彼得堡。一个偶然机会他认识了薇拉的女友卡佳并和她相爱结婚，组成了幸福美满的家庭。两个家庭又会面了，他们一直友好相处，共同进行着他们所热爱的事业。

这篇小说中，车尔尼雪夫斯基以描写家庭生活为外壳，通过薇拉的故事提出了一整套新的道德原则，还寓含着深刻的思想内容和政治色彩，塑造了新型的革命家拉赫美托夫的高大形象，为人们描绘出未来社会的美好图景。

小说写作的时候，正是俄国革命的低潮时期，在沙皇政府的残酷镇压下，农民暴动趋向消沉，短暂的光明转瞬即逝，形势急转直下。在反革命恐怖统治的高压下，自由派开始表态拥护沙皇，不坚定分子也纷纷脱离革命。《怎么办？》就是试图回答当时摆在俄国人民面前的这一严峻问题。这是作者在有了革命斗争经验、思想已经成熟之后才能完成的任务。我们还记得他在20岁曾经写过小说《理论与实践》，那时他寻不到的答案，这次则出现在了《怎么办？》里。

拉赫美托夫是一位职业革命家。他出身贵族，但是当他掌握

了革命的理论体系和实质以后，他就立刻着手去实践。他深入到人民中间，"种过庄稼、做过木匠、摆渡的……有一回他甚至作为一名纤夫走遍了伏尔加河流域。"拉赫美托夫自己过着简朴的生活，吃得很坏，却供七个大学生念书。为锻炼自己的意志，以便适应可能的严刑考验，他甚至睡在扎有几百枚小钉的毡毯上。他惜时如金，从不把时间浪费在娱乐上。然而这个"阴沉沉的怪物"，却有着火一般的热情。当为了革命事业决心牺牲个人的爱情时，他却对所爱的女人说："我应该抑制住我心中的爱情，因为对您的爱会拴住我的双手，即使不恋爱，我的手也不能很快地松开，它早已经被牢牢地拴住了。但是我一定要松开。我不应该恋爱。"

"特别的新人"拉赫美托夫与同其他书中的人物不同，作为超越"新一代的普通人"薇拉等人的更高形象，拉赫美托夫集中体现了那一时代的革命者的优秀品质：与群众的密切联系、对革命事业的无限忠诚、改造世界观的高度自觉性。作者预先说过，这样的人目前俄国还不多，称他们是"茶里的茶碱、醇酒的芳香、优秀人物的精华、原动力的原动力，这是世上的盐中之盐。"

作者更肯定道，无论是"新一代的普通人"，还是"特别的人"他们都是祖国的希望。车尔尼雪夫斯基乐观地以为，这种正派人将与日俱增。如果人们能以他们为榜样，那么"随着岁月的流逝，生活也会一年比一年变得更好。"

这一形象的成功不但在当时就引起轰动，后来的革命家也同样给予了高度的评价，普列汉诺夫指出拉赫美托夫是一个高度概括的形象，"在六七十年代我们杰出的社会主义者中，几乎每个人的身上都具有许多拉赫美托夫的精神"。

很难想象这部小说给 60 年代读者多么深刻的印象，甚至当时那些敌视车尔尼雪夫斯基的人也不得不承认这部小说的深得人心。在《怎么办？》的影响下，不但妇女解放运动大大发展了，拉赫美托夫这一形象也庄严的耸立在那个时代革命者的眼前，成为他们解决个人生活问题和改造社会斗争中所效仿的榜样。

正如在还没出版就手稿差点丢失一样，这部深为人民所喜爱的小说出版后又遭劫难。沙皇政府千方百计窒息这种革命的声音，1863 年《怎么办？》刚由《现代人》刊登完毕，就被禁止了，直到1905 年才解禁。

革命的火种是不可扑灭的，刊登《怎么办？》的那几期《现代人》被一代传给一代，甚至竞相传抄，进步大学生们也经常举行集会诵读这部作品的片段，讨论车尔尼雪夫斯基提出的问题。甚至后来地下共青团组织"警钟"成员的誓词都引用《怎么办？》中的原文。在誓词上签字的代号，除了牛虻、柯察金、还有薇拉、罗普霍夫、拉赫美托夫等的名字。这些代号，清楚不过地表明了这些年轻人的思想境界和战斗精神。

小说还被译成过多种文字。《怎么办？》在国外也很有影响。马克思非常了解这本书，称赞车尔尼雪夫斯基是"一位伟大的俄国批评家"。列宁青年时代的藏书里，就有《怎么办？》外文版。1883 年，当莱比锡出现该小说的第一个德文译本时，德国工人领袖之一的阿付古斯特·贝贝尔就发表了一篇论文，怀着深深的敬意评价了这部作者在非常环境创作的长篇小说，认为《怎么办？》是一部"以解放的思想鼓舞人心"的作品。

保加利亚工人领袖季米特洛夫在 1935 年出版的《〈怎么办？〉序言》中更是鲜明具体地提到这部小说的巨大影响力：

"还在 35 年以前，小说《怎么办?》就给了我深刻的、不可抗拒的影响。那时我还是一个青年工人，刚刚参加保加利亚革命运动，曾经有几个月时间，我简直同那里的主人公生活在一起。我始终立志要向完美无瑕的拉赫美托夫学习。……正是青年时代所受到的这种良好的影响，大大地帮助了我，把我培养成了一个无产阶级革命者……"

4. 梅特宁广场的假死刑

正在人们对长篇小说《怎么办?》兴趣最浓的日子里，车尔尼雪夫斯基的官司仍没有下文。小说的作者被关在阴暗、潮湿而寒冷的 11 号牢房，差不多被折磨了两年。即不放，也不判，当局自己都觉得实在说不过去了。于是官方根据那些伪造的证据判决车尔尼雪夫斯基到矿山服苦役 14 年，刑满后永远流放西伯利亚。判决书呈报沙皇亚历山大二世批准。不久批文下来，沙皇的旨意是："惟苦役期限减半，其余照此办理。"

1864 年 5 月 19 日，当局在梅特宁广场对尔尼雪夫斯基举行了"褫夺公权"的侮辱性的假死刑仪式。

这一天天色阴暗，细雨迷茫，气氛阴沉压抑。尽管如此，许多想同车尔尼雪夫斯基告别的青年人仍然来到广场。一位军事学院的学员记下了他目睹的情景：

"广场的中央搭起一座行刑平台。台上竖立着一根粗大的被闪着冷光的铁链环绕着的黑色木柱。周围有荷枪实弹的军警，行刑台前又有宪兵和警察排成人墙，为的是不让群众靠近柱子。在人群中还有便衣密探弹压———一切迹象都在表明，这里将要发生一件不寻常的事……

　　过了许久，人们的忧思愁绪突然被嘶哑的喊声打断。'立正'——传来了口令声。接着一辆由手持军刀的宪兵押送的四轮马车驶到了行刑台下……人群向马车涌去，宪兵们赶忙边喊边推，好一会儿才算安定了一点……从马车走下来三个人：两名手提大刀的刽子手，押着一名身着黑衣的'囚犯'车尔尼雪夫斯基。

　　全场一片寂静，上千的群众注视着'囚犯'，向他默默致敬。

　　一个警官跑上台子向士兵发出口令：'举枪！'。刽子手赶忙取下'囚犯'的帽子。接着便有官员宣读判词，没人听他读什么东西。车尔尼雪夫斯基可能早知道内容，所以也不听他读。他开始不断环视人群，似乎在找什么人，后来还朝着一个方向点了三次头。那官员读了大约一刻钟才停，刽子手又摁'囚犯'跪下，将一把剑在他的头顶上折断。然后，将他拖到台子上，把他的双手塞进行刑柱上的铁套环里，在雨中让他当场示众一刻钟。他泰然自若地履行完了这些程序。

　　人群中一片死寂……我不停地拭着眼泪……等仪式结束，车尔尼雪夫斯基再次被押上了马车要离开时，效果大出导演者意料之外——竟演成了一出难以收场的闹剧。

　　人们又一次更猛烈地向马车涌去，手挽手的警察根本挡不住，不得不出动骑警才把人群与马车分开。有人向他投掷鲜花，听说一位妇女还被抓走了。在回去的路上，按惯例囚车应该走得很慢。这给那些想靠近的人提供了机会，大约十多个人赶上了马车，和马车并排走。只要有人发出信号，人们就会欢呼。

　　一个军官终于喊了一声：'再见！车尔尼雪夫斯基！'

　　走在后面的人一下子涌了上来，和喊口号的人汇到了一起。

　　受不了压力的宪兵队长下令：'快跑。'马车和保护的军警便

吵吵嚷嚷地离开了人群。

不过，跟在马车后面的人仍然继续挥着帽子和手帕，使劲地追赶着，大声地喊着。沿途所有的店铺都惊奇地看着这一异乎寻常的情景。

马车上的车尔尼雪夫斯基感动得热泪盈眶，他一再点头向人群致谢。并用手示意：这样做有危险，你们请回去吧……"

十二、苦役流放的岁月

1. 漫漫流放路

从梅特宁广场押送回彼得堡要塞后，等待着车尔尼雪夫斯基的将是一场生离死别——他立即要送往流放地西伯利亚。

他的妻子奥莉佳和大儿子、表弟贝平、战友同志捷尔辛斯基、叶利塞耶夫、博可夫和安东诺维奇等都来到要塞，和他告别。大家没有哭，因为他本人表现出惊人的冷静和镇定，显得很愉快。

离别时他说，到了流放地点他一定写很多作品，寄给《现代人》或别的杂志用笔名发表，多挣些稿费好在物质上帮助家庭。但是他的这一愿望是不可能实现的了——当局不可能再重蹈《怎么办?》的覆辙——即使用笔名他的作品也不可能在俄国发表了。

从彼得堡到苦役地涅尔琴斯克工场的路程，漫长而又艰难。沿途要经过维亚特卡河、佩尔姆、叶卡捷琳娜堡、秋明和托博尔斯克。为了减轻车尔尼雪夫斯基长途跋涉之苦，亲友们在指定的日子里用轻便马车把必需品送到了要塞门口。可是当局事先的允诺只不过是个骗局，5月20日夜晚，车尔尼雪夫斯基已由两名宪兵押解，乘驿站马车转移到托博尔斯克的流放犯管理局了。

官方知道车尔尼雪夫拥有不少崇拜者，派了最可靠的押送人员，一路间歇的时间很短，这让他吃了不少苦。6月5日到达托博尔斯克才得以稍事休息。他们将在那里停留一个星期，于是他被临时寄押在地方监狱里。在那里，车尔尼雪夫斯基结识了被羁押的波兰起义者中的斯塔赫维奇。

一次，车尔尼雪夫斯基对来看望他的斯塔赫维奇说："已经通知了，我在托博尔斯克只能待几天。我不想打开行李箱。你有什么书吗？我想挑几本看看，以免苦闷无聊。"

从斯塔赫维塔列举的几本书名中，他借了丰克的德文原版《心理学》。过了几天，车尔尼雪夫斯基还书时说：

"真让人高兴，我发现这本书中还用尊敬的口吻提到我们俄国的科学家，如谢切诺夫、雅库波维奇、奥弗先尼可夫等。"

一些波兰人对这位伟大的俄国革命家、思想家非常崇拜，他们请斯塔赫维奇把笔记本交给车尔尼雪夫斯基，请他题词。车尔尼雪夫斯基给他们写了一个他前不久亲身经历的故事：那天他们准备乘船过河，当押解他的宪兵走开时，车尔尼雪夫斯基问马车夫：

"为什么你要当车夫呢？你那么有钱。"

"得了，老兄，上帝保佑你，我哪有什么钱？分文也没有！"

"你说说，你瞧你上衣有那么多补丁，每块补丁里都藏着钱，有补丁掩护保险些，是不？"

车夫终于明白了这是在开玩笑，就说：

"谁维护百姓，谁就被流放到西伯利亚去，这我们早就明白。"

几天后，从托博尔斯克动身，车尔尼雪夫斯基又上路了，三周后的7月2日，他们到达伊尔库茨克。由于地方当局没弄清楚该把他送到哪里服苦役，所以车尔尼雪夫斯基不得不一再忍受转移之苦——他先从伊尔库茨克去安加拉河畔的乌索利耶，再从乌索利耶回到伊尔库茨克，然后又沿阿穆尔大道转赤塔。直到搞清楚地点之后才从赤塔来到了他服苦役的涅尔琴斯克工场。

第二天一早，在一个哥萨克军士的押解下，车尔尼雪夫斯基被从涅尔琴斯克工场送到了靠近中国边境的荒僻农村卡达亚。

从彼得堡到外贝加尔，上千俄里的长途跋涉，车尔尼雪夫斯基人简直累垮了。加上水土气候不服，他病倒了。医生在矿山当局的监视下对他作了身体检查，诊断发现他得了坏血病和心脏病。根据病情，如果让他下井劳动，健康状况就会恶化。因此矿山当局允许他在警察的监视下，到卡达亚卫生院住院治疗。

在那所简陋的卫生院里，车尔尼雪夫斯基遇见了青年时代的挚友、革命活动中的亲密战友、诗人米哈伊洛夫。

半年之后，车尔尼雪夫斯基总算出了院。而他的好朋友却因重病不治于 1865 年 8 月 3 日晚与世长辞。那天，车尔尼雪夫斯基一听到米哈伊洛夫病危的消息，惊得连帽子都顾不上戴，便匆匆地跑到医院，想见朋友最后一面，想最后一次拥抱他的战友。可是年青的诗人已经告别了他热爱而又给他苦难的世界……

荒无人烟，偏僻凄凉的卡达亚，没有明净的湖泊，连灌木丛都没有。光秃秃的山冈上一派凄凉萧瑟。映入眼帘的只有漫山遍野的杜香。

在一个孤零零的断崖上，在那许多波兰起义者的坟墓旁，又竖立着一根普通的木十字架。十字架下面，埋葬着饱经忧患的米哈伊洛夫的骨灰。

不久，又将有单个或新的政治流刑犯，被络绎不断地押来卡

达亚矿山。他们当中的一些人，也许会在经历苦难之后化成其中的一个十字架。他们虽忍受着痛苦倒下，但心中的希望永不破灭。杜香花不是每年都开吗？春天到来的时候，那些星星点点的斑点很快就会染遍整个悬崖。

早在彼得堡要塞的牢房里，米哈伊洛夫就写下了这样的诗句：

朋友，勇敢些吧！
在力量悬殊的战斗里
要鼓起勇气，捍卫祖国
要捍卫自己的自由和荣誉！

何惧坐牢
何惧烈火与刑讯
流放苦役又能算得什么
即使宣判死刑，又有谁会胆怯

在监狱里，在潮湿的矿井里
如果我们死了
我们的事业
也不会消亡

革命的那一天终将到来
人民的自由不是神话
他们会将胜利
作为我们最好的祭礼

当有关米哈伊洛夫和车尔尼雪夫斯基的确切消息从荒凉的流放地传到赫尔岑那里时，他在《钟声》杂志上连续刊载卡达亚囚犯悲惨命运的文章，赞扬这些人不乞求饶恕，而是"高昂着头，怀着神圣的永不追悔的决心忍受着苦役。"

车尔尼雪夫斯基的朋友和同志一直记着他。领导过 60 年代学生运动的乌京给赫尔岑写信说：

"您从事革命宣传 15 年，我们向您学习。与此同时，在俄国我们还向另一位导师——车尔尼雪夫斯基学习。"

"……我们已茁壮成长起来了……每个人都将毫无例外地为正义事业献身……为了这一事业，我义无反顾、满怀信心地为牺牲的最卓越的同志和导师复仇！"

车尔尼雪夫斯基的敌人也没有忘记他。一次，沙皇亚历山大二世与他的好朋友著名作家阿·科·托尔斯泰一起打猎。后者决心抓住机会，替他的熟人说说情。所以当回答俄国文学最近有什么新作时，他回答说：

"俄罗斯文学已穿上丧服，因为车尔尼雪夫斯基被冤判……"

亚历山大二世没等诗人把话说完，就不耐烦地打断他；"你，托尔斯泰，永远不要向我提什么车尔尼雪夫斯基！"说完，拂袖而去。

2. 放不下的牵念

出院后，车尔尼雪夫斯基搬进了一间破旧的小房子里。房子的墙壁和门窗到处都是缝隙，寒风由缝隙不断袭来，他的关节炎犯得厉害，经常忍受着疼痛的折磨。不过这一切对他来说还都算

不上什么。他放不下的，是对家人的牵挂。特别是妻子，他总觉得自己对她得的太少，内心总是歉疚不安。

"原谅我吧，我最亲爱的。"他给奥莉佳的信中写道："由于我生性清高，又缺少应付实际的能力，没有在物质上让你得到保障，我对此太疏忽了。虽然我早就知道自己生活中一定会发生这种变化，但我没有估计到，这种变化竟剥夺了我为你效力的条件。"

长久的分别，唯一能给他带来慰藉的就是家里的信。他总是急不可待地等待妻子的来信。他牢牢记得她的生日和他们婚礼日，以及他们孩子的生日。对身居僻壤远离家人的他来说，那就是他的节日，每个这样的节日，他都要来庆贺一番。给妻子写一封倾吐真心的信，是他采用的最主要方式：

"我亲爱的朋友，我的欢乐，我唯一的爱人，我的灵魂莉亚列奇卡！好久没有向你倾诉衷肠了。而现在，亲爱的，我也要克制自己激动的感情，因为能看到这封信的，不止你一个人。这封信是写于我们结婚的日子。感谢你！我亲爱的，因为你照亮了我的生活！"

不久，他得到奥莉佳要来探望他的消息，他又惊又喜。

"我亲爱的，对于你要来这里的打算，我能怎么说呢？你要认真考虑考虑，从家里到这儿，路途遥远，关山阻隔，一路上会很辛苦的！你知道，我一贯支持你的决定。可是，这一次，我请求你一定要认真考虑，因为路途太遥远，旅途太艰辛。"车尔尼雪夫斯基回信说。

路途再遥远，旅途再艰辛，都阻挡不住奥莉佳对丈夫的牵念。

一年过去了。

　　5 月初，奥莉佳带着 8 岁的小儿子米哈伊尔，在巴甫里诺夫医生的陪伴下，经过长期的准备和跋涉，来到外贝加尔。

　　可能，她自己也知道，这次探望很不是时候。因为刚刚在首都发生的卡拉科佐夫行刺亚历山大二世未果的事件使全国都实行戒严。车尔尼雪夫斯基也受到了比以往更严密监视。他的小屋子前新增加了一道岗哨，自由活动的时间也几乎被取消了。

　　到达伊尔库茨克，奥莉佳递呈探望申请，却得到当局一个附加了刁难性条件的答复：

　　"如果她愿意到涅尔琴斯克工场看望丈夫，那么必须永远定居西伯利亚，一直到丈夫死去，而且要遵守国家的对待国事犯家属的一切规定。"

　　奥莉佳解释说她不能答应这个条件，因为大儿子还留在家乡。她再次请求，请允许她会见丈夫哪怕会见时有宪兵在场也行。并答应谈话不用外语，只用俄语。总督请示了彼得堡，结果批准可以在有宪兵在场条件下会面。

　　几乎在伊尔库茨克滞留了一个月，奥莉佳和儿子才得以在一个放肆无礼的宪兵上尉赫麦列夫斯基的监视下，来到了涅尔琴斯克工场。

　　"8 月 23 日……我们来到卡达亚，"小儿子米哈伊尔后来在回忆录中写道："这个小村庄，离中国边境大约 15 俄里，只有几栋小木屋。父亲就住在其中的一栋里……地板上堆满了书，……我们这次见面总共才 5 天（8 月 27 日我们便离开了此地）。因为宪兵老在一旁监视，父亲始终觉得难堪，不过他当然高兴见到可爱的母亲，不过这种高兴中掺杂着痛苦。因为为了这短暂的几天，却需要经过几个月的长途跋涉，还要一笔不小的开支，同时还要遇

到许许多多的不愉快。在他后来的信中，不止一次地劝妈妈放弃再来探望他。他反复强调种种不便和当地难以忍受的生活条件。同时他还安慰妈妈说等他刑满后会转移到距俄罗斯近一点的地方。到那时全家可以团聚，他也能够继续进行文学活动了……"

车尔尼雪夫斯基哪里能够料到，更大的失望和痛苦还在等他。1866年9月，就在奥莉佳走后不久，工场总监便命令车尔尼雪夫斯基迁往离卡达亚矿区不远的亚历山大工场。

途中只有几个村庄，那是牲口过冬地，此外就是一望无际的草原。

"路很好走，"他给妻子的信中写道，"天气晴朗，从顿河到下一个驿站，我雇的车夫，就是送你们来的那个。"

亚历山大工场处于丘陵和原始森林的包围里。工场的周围，有几个稍大一点的村庄。这里的工人大多是流放政治犯和被判在地方牢狱服刑的苦役犯。

1867年6月，考验期结束了，对车尔尼雪夫斯基的监管稍微放松，允许他住进自由民的住宅。他搬进了工场附近的一间小屋里。

"我现在离开简陋的官房了。住到了一个教堂的职员房子里。那边住着主人，我在另一侧，窗子靠街……"他给妻子写信说。

车尔尼雪夫斯基不再想让妻子千里迢迢地来看他，又生怕她担心，所以后来的很多年里，每次写信尽量往好处说，不是"生活不错"就是"身体健康"，甚至他被囚禁的维柳伊斯克县古城堡，在他的笔下都不再荒凉了。他一再向奥莉佳表白，自从和她相识以后，自己全部的爱恋，就都给了她。

时光在思念中显得多么漫长啊，从他们相识到现在，二十多

年已经过去了。人生会有多少个二十年啊！在那些孤寂的日子，他常想起那些温馨的往事。他喜欢她活泼爽朗的性格，她那时是多么善于创造欢乐啊，他们的客人都知道，奥莉佳在哪里，哪里就谈笑风生，气氛顿时活跃……

他还记得奥莉佳的勇敢和泼辣。年轻的时候，她曾经在一次宴会上高举酒杯，倡议为民主干杯；她还喜欢自己驾着三套马车，响着铃铛，高声唱歌，一路飞奔，和女伴们相互竞逐！她敢于冒着风暴在海上荡舟——有一次，彼得堡遭遇洪水，她竟女扮男装，划着船去帮别人抢救快被飘走的财物……

他更忘不了那些共同生活的日子里奥莉佳给他的无限关心和柔情，刚到彼得堡那些贫困的日子里，奥莉佳和他同甘共苦，不去剧院，不去赴宴，而是精心的照料他的生活。《现代人》刊登《诗集》惹得满城风雨的时候，虽然奥莉佳也面临难产的危险，却始终安慰他……

以前那些自由快乐的日子，都永远成为过去了。现在，他只能劝她别忧伤，别难过，要像从前那样无忧无虑，欢乐地度过每一天。可是，又如何能做到呢？他告诉她一旦恢复自由以后的种种打算。可是，又有谁知道他哪一天会再获自由呢？

远在家乡奥莉佳呢，也和丈夫一样，苦涩的相思也成了她生活中的一个重要内容。这个性格坚强的女子，无怨无悔地担当起生活的全部重任。除了贫困生活的长期折磨，她还要面临种种别人无法体会的凄苦：为丈夫的命运和健康担忧；为儿子蒙受的屈辱而心痛；为警察的纠缠不休和不断的迫害提心吊胆；为丈夫归来希望的渺茫而不时绝望……不幸摧残了奥莉佳的健康，也彻底扭曲了她的性格。她屡屡记起涅克拉索夫的诗句：

"沉重的十字架，钉在她的命运上……"

3. 刑满再流放

1867 年考验期结束开始，他就被许可可以住进自由民的住宅了。于是他住到总监家对面的一个当地教堂小职员的房子。

稍得空闲，他就带着书和钓竿到加济穆尔河边去。坐在岸上，他把钓饵往河里一扔，就完全沉浸在阅读里，或者陷入遐思。往往是路过的孩子注意到漂儿下沉。才把他唤回现实中来。

他住的地方离监狱也不远，他还获准在节假日可以去监狱。每次探监，他不是给难友们朗读自己的作品，就是讲述构思中的小说情节，他还喜欢参加他们的读书会和文娱活动。

大家知道了他是《怎么办?》的作者，都尊敬他，把他当成老师。车尔尼雪夫斯基果真成了大家的老师，总是乐于给人解惑释疑。他经常和他们长时间的交谈各种问题，无论什么问题——战争、历史事件、科学、文艺等等，车尔尼雪夫斯基总能以精到的分析和渊博的知识使每一个聆听的人受益。

他平易近人，善于和平民百姓交谈，他的话感人肺腑，从不发表令人讨厌的长篇大论，往往几句话，就能把人和事情的特征勾画清楚，还常带些有趣形象的比喻。他还乐于回答人们的各种疑惑，即使自己很忙的时候，也是如此。一次他说：

"对于我来说，求知的时代已经过去，我早就不以追求知识为乐了。我的乐趣在于传播知识，我高兴和别人交流知识。"

监狱经常举办读书会，车尔尼雪夫斯基也常参加。他不做任何准备就能出口成章。大家都叹服他这种非凡的即兴创作才能。

一次，他说要给大家朗读一篇刚写出的长篇小说，于是他拿起本子，边看边给大家滔滔不绝地讲着一些情节构思，间或穿插一些趣闻逸事。可是，坐在他旁边的一个听众趁他朗读时探头看他的本子，那上面竟没有一个字！

为了消磨掉漫长的冬夜，难友们经常自己编剧，自己演出。起初，只是简单的即兴表演，道具服装根本谈不上，幕布只能用被单代替，连女角都由男人扮。一次甚至演出了滑稽剧《爱一切人的丽莎》，扮演丽莎伙伴那个男子的声音特粗，惹得车尔尼雪夫斯基不停地哈哈大笑，后来他还给"剧组"写过剧本。如后来公演的《女行家煮粥》就是那时写的。

他对每一个交往者都有求必应。他愿意把自己的图书和杂志借给每一个人。如果难友们来访，他总要人喝完茶才让走。每次他都亲自动手烧茶，总用靴筒煽火。巴洛德要迁往其他流放地，车尔尼雪夫斯基拿出唯一珍贵财物———一只金表送给他，并说："急需用钱就卖掉它，值个 30 卢布呢！"等尼古拉耶夫和斯塔赫维奇要走时，能拿出的像样东西只有一部《百科辞典》了。两人都知道那是他重要的工具书，坚决不肯接受。

大家有争执的时候，都爱找他，认为他的意见最有说服力。于是他得到一个外号——"道德裁判"。出于对他的爱戴和尊敬，在值日表上从不让他干这些他不适合的体力活，连他日常的家务，如劈柴、担水、烧炉子等，大多也都是难友们轮流替他做。只有实在拗不过的时候，才让他干一点削土豆皮之类的轻活。

在贝加尔的那段日子里，由于资料不足，车尔尼雪夫斯无法完成政治经济学、历史学方面的论著。但是却写了不少小说，其中有一部最优秀的小说《序幕》在他生前就在国外出版过。

这是一部直接反映农奴制改革斗争的长篇小说。主人公的名字叫伏尔金，显而易见是取自坐落在伏尔加河沿岸的作者的故乡的地名。伏尔金的外貌、举止和性格特点，使人一下就想到了作者本人。小说中的一些人物的原型也来自生活，它向人们展示了那个年代社会生活的图卷。列宁认为，车尔尼雪夫斯基的这部长篇小说充满了斗争精神。

在自由民家里仅居住了一年，车尔尼雪夫斯基又被送进了牢房。这次坐监是由他的一个难友克拉索夫斯基逃跑引起的。这个战友曾任上校，因散发了《告士兵书》，号召他们不要执行镇压农民暴动的命令而被判刑八年。

1867年，他和车尔尼雪夫斯基一样，考察期满，解除看管。可以住进自由民的房子了。这时他收到一宗数量相当可观的汇款，伪造了一份假护照，又画了一张中国边界图等一切都策划好了，于1868年6月11日，他骑马潜逃。3天后，他头部中弹的尸体在原始森林中被找到了。大家都以为是帮他逃跑的哥萨克图财害命，哪知道后来竟在在他的尸体旁找到了一张用血写的纸条：

"我打算跑到中国去，可是，太不幸啦。我的日记本和中国边境地图丢了，这足以暴露我的踪迹。现在我宁愿死也不想被活捉。亚·克"

这件事的直接影响就是使得当局加强了戒备，车尔尼雪夫斯基被重新收进了监狱。如果这个名气很大的囚徒逃跑，那可是谁都担当不了的。

时间终于到了1870年，根据判决，这一年的秋天，车尔尼雪夫斯基就可以解除苦役了。他是多么盼望和家人团聚啊！4月份，他给妻子写信说道：

"8月10日我服役期满，我想那时可能会被安置在伊尔库茨克或附近，我又能像从前那样工作了，我们也可以团聚了……'

但是这只是一个美好的愿望。相反，越接近苦役期满，当局越挖空心思想把他与外界隔绝起来。

这时候服刑地的有关人员向第三厅上交了关于车尔尼雪夫斯基的"调查报告"，其中的任何一点都足以使他的希望化为泡影：

"一，在彼得堡和各大城市，经常有人为资助车尔尼雪夫斯基从西伯利亚逃跑而筹集钱款；二、一些囚犯是因为参与秘密销售车尔尼雪夫斯基著作活动而入狱的；三、多次搜查，均能查获车尔尼雪夫斯基的照片。四、在书信检查中，发现他的思想至今流毒甚广——不少人对他依然崇拜，甚至能背诵他著作中的要点。"

第三厅的一位负责人也在给宪兵司令的呈文中报告了车尔尼雪夫斯基的文学活动情况：

"在克里米亚战争后，俄国出现的激进情绪，主要是由于报刊煽动和支持的。他们大肆鼓吹革命和共产主义思想。其中最嚣张的是《现代人》……那一小撮人，为首的就是车尔尼雪夫斯基。……他是个极端狂热的顽固分子，甚至连逮捕也不能改变他的信仰。他甚至在监禁中还写了流毒甚广的《怎么办?》，这种邪说至今还在毒害我们的国民……"

东西伯利亚总督也给宪兵总司令发去密码电报，请示如何处置车尔尼雪夫斯基：

"如果他获得自由，就不可能对他进行全面监视，如何办理?请指示。"

怎么办呢? 当然是"照此办理"。1870年9月4日，宪兵总司令向沙皇表明了自己的看法：如果释放车尔尼雪夫斯基，可能会

引起麻烦，因为各种现象表明，此人恢复自由后很可能成为革命中心。沙皇在报告上作了批示：又是"照此办理。"

最后，内阁会议也很快出了决议：

"暂时继续监禁车尔尼雪夫斯基，立即采取一切可能的措施将其变为移民流刑犯，把他安置在一个没有任何可能逃走的地方……使青年们无法再'迷恋'解救他的冒险行为……"

可是那种'迷恋'是消除不了的。在车尔尼雪夫斯基被监禁的岁月里，不时有小组和个人制定各种解救他们精神领袖的计划，如后来的无政府主义者巴枯宁，民粹派革命者洛帕京都曾有过实际行动，特别是后者，洛帕京那一次次勇敢的尝试和化险为夷的智慧，让他的敌人都不能不佩服他。

亚历山大二世和他的走卒们非常担心车尔尼雪夫斯基会被救走，于是决定将他转移到更加荒芜偏僻的地方。这种做法对他无疑是个沉重的打击。可是他同样镇定自若的经受了这一考验。"我很健康，生活如常，一切都还好。"从他得知消息后给妻子写的一封极短的信中，就能觉察到他深藏在内心的痛苦。

现在，他就要离开难友了，离开他最后一批学生了，他多么渴望再向他们传授知识啊！从苦役流刑犯变为移民流刑犯，再被发配到完全与世隔绝的维柳伊斯克县。对他的刑罚加重了。他将面临一种无法想象的孤独。这个时候，他内心升起的绝不是一己命运悲剧的无望和痛苦，饱经洗礼的革命者，此时已显现了他的坚强。

"我为你的处境感到难过，"他在给奥莉佳的信中写道，"对于自己，我是满意的——当我想到千千万万贫苦人的时候，我感到欣慰，因为为了他们的利益，我现在的呼声更有威力，更加气势磅礴了。"

4. 与世隔绝的维柳伊斯克

1871 年 12 月初，在宪兵的押送下，车尔尼雪夫斯基从亚历山大工场出发去维柳伊斯克。路程遥远而艰难，轻便马车始终在白雪皑皑的荒原和原始森林中跋涉。因饲料不足，几匹瘦马跑得很吃力，还不时受惊撒野。过河更是一件冒险的事，如果马车不小心碰上冰丘就会翻车沉入水底，如果发生危险，呼救是一点用都没有的。

过了伊尔库茨克，就碰不到俄罗斯人了。令人疲惫的旅程持续了 22 天，马车终于走出了原始森林，来到一条街道上。街道窄小得令人窒息，右边一座教堂，教堂后面一片原野，原野的尽头是陡峭的悬崖。悬崖上耸立着一座木结构的城堡，这就是专为车尔尼雪夫斯基准备的带围墙的牢房。押送人员办完了交接手续，走了。而车尔尼雪夫斯基从此就要在这里受到全天的监视。

从监狱城堡所在的悬崖眺望，可以看到河对岸的松林，只要看到这沼泽与小河纵横交错的无边无际的森林便可以知道从这里逃走有多难。这里一年之中只有 4 个月道路可以勉强通行，其余 8 个月连骑马送邮件也常常会遇到意想不到的困难。难怪有人说这个小镇就是一座天然的监狱。

尽管如此，当局仍然信不过这座天然屏障。警察和两名当地哥萨克助手不间断地对这位"要犯"进行严密的监视。不论他进城还是散步，都有人"陪伴"。外人只有经过批准才能探望他。

来到此地不几天，车尔尼雪夫斯基就清楚了他这位自由民移居的地方：

维柳伊斯克说是县城，其实连村庄都不如。城里只有 10 多栋

俄罗斯式木房子，周围的森林、河流、悬崖、沼泽，几乎完全包围了这个小地方。全城的居民由雅库特人、哥萨克人以及俄罗斯小市民构成，人口加起来不到 500 人。几名小官吏和两个神甫就构成此地的全部"知识界"。此地很贫穷，商业根本谈不上——全城没有一间店铺，街上空荡荡的，如沉寂在冬眠里一样一片死寂，要买东西，只能去商人家中。许多日用品如肥皂，即使出高价也难买到。医疗条件更不必说——如果生了严重一点的病，那就等死吧。

日复一日，年复一年，在他的城堡里，除了看守军士和送茶饭的雅库特人，车尔尼雪夫斯基有时一连几个星期见不到别的人。平时只有散步、看书和阅读亲人的来信才能算有点事情做。就在这样的地方，车尔尼雪夫斯基整整度过了 12 个年头。

他和战友的联系仍然没有中断。就在他关进城堡的第二个春天，他在工场服苦役时的两位难友在前往自己移居地时经过维柳伊斯克，因为道路泥泞，在那里滞留了几天。车尔尼雪夫斯基抑制住自己的激动，接待了已分别五个月的难友。他没有一句抱怨，相反，还深切关心对方的遭遇。

后来，外面的政治犯们还派来了一个联络人列梅舍夫斯基。那个机灵的人，第一次任务就完成得很成功。他巧妙地潜进了车尔尼雪夫斯基的住所，并给他带来其他难友的消息。然后又带走他的手稿，把它送到俄罗斯设法出版。尽管伟大的革命家身陷囹圄，可是通过这些手稿，他的思想却在俄国大地广为流传，哺育了一代又一代人的革命思想。

车尔尼雪夫斯基的影响力不但没消失，好像更大了。1871 年革命者洛帕京的解救行动早就让当局胆战心惊。1873 年底，伊尔库茨克总督又得到消息说革命者巴枯宁和乌京也拟定好了一个营救车尔尼雪夫斯基的计划。

总督听到这个消息来不及分辨真假，就马上派人突击搜查监禁车尔尼雪夫斯基的城堡，而且搜得很细，连地板都没放过，结果只发现一大包手稿和310卢布。

在搜查中，官方对车尔尼雪夫斯基说，那些企图把他营救出西伯利亚的人只会害了他，因为这样只会使当局越来越严密的监视他。他的处境会更糟糕。车尔尼雪夫斯基回答道：

"我想你永远也不会忘记普希金、果戈理和莱蒙托夫的名字；而现在的青年也将会记住我的名字，纵然我并不希求这点……如果说我10年前提出的思想是犯法的，那么我已为此吃够了苦头。我不明白，为什么苦役期满还要困在这里。"

在家信里，他仍然习惯把处境说的好些：

"这里的生活还算舒适：……房子很宽敞，很整洁，也很暖和……"

奥莉佳表示要去探望他时，他总是不安地请求她不要去：

"……先别急……再过一年半——也许一年——也许半年，反正会很快——我将恢复自由，然后跟你和孩子见面。在这之前你还得再等一等。"

5. 拒绝申请赦免

1874年夏天，当局企图说服车尔尼雪夫斯基申请赦免。东西伯利亚总督派自己的副官温尼科夫上校来找车尔尼雪夫斯基，专门为这事谈判。他们说如果车尔尼雪夫斯基提出申请，当局就可以释放他，把他从维柳伊斯克送回俄罗斯。

温尼科夫上校来到监狱的时候是下午两点，车尔尼雪夫斯基没在。

"正在那边散步。"宪兵向他报告，指了指监狱附近小湖的方向。那边，车尔尼雪夫斯基坐在长凳上沉思。

温尼科夫走过去，做了自我介绍之后说，他受总督委托前来询问他是否要申诉，有什么要求。

车尔尼雪夫斯基一下子站起来，迅速地扫了温尼科夫一眼，说：

"谢谢您，没有什么要求，一切都满意。"

温尼科夫请车尔尼雪夫斯基坐下，告诉他说还有一件极其重要的事。

"尼古拉·加夫里洛维奇，"他说，"请您看这个，我是受总督派遣专为此事前来的。我等着你明确的答复。"

随后，他递过来一件公文。

车尔尼雪夫斯基默默接过来，仔细地看了一遍，沉默了一会儿，说道：

"谢谢。可是您知道，我为什么要请求赦免呢？这是个问题。我认为，我所以被流放，只是因为我的思维方式不一样。难道这也需要请求饶恕吗？多谢费心，我是不会请求赦免的。"

气氛开始变得尴尬。

因为车尔尼雪夫斯基的回答完全出乎他意料之外，温尼科夫有点不知所措：

"这就是说，尼古拉·加夫里洛维奇，难道您是拒绝吗？"

"是的，坚决拒绝，"车尔尼雪夫斯基坚定而又平静地说道。

"那么，……尼古拉·加夫里洛维奇，只好……您证明一下读过了总督的信吧。"

"要签个字吗?"

"要,要,签个名字。"

"没问题!"

他们起身向古堡走去,进了阴暗的房间,车尔尼雪夫斯基从桌上取了一支笔,在公文上清晰的写道:

"已阅。拒绝申请赦免。尼古拉·车尔尼雪夫斯基。"

"当我告别车尔尼雪夫斯基时,我为自己感到惭愧。"温尼科夫后来说。

这个意志坚强的人居然能让敌人感动。难怪维柳伊斯克警察局长提醒他的上级说:

"车尔尼雪夫斯基有很强的蛊惑力,能骗得不少看守人员的好感。"

西伯利亚行政当局也的确害怕这一点,所以规定:负责监视车尔尼雪夫斯基的宪兵必须每年换一次人。

事实也的确如此,因为"囚犯"教给他们读、写、计算的能力,那些在古堡服役一年后宪兵,跟以前相比明显变得机灵而成熟了,甚至一些被替换回去的看守人员本身也受到监视。

因为车尔尼雪夫斯基的存在,整个维柳伊斯克地区都变得草木皆兵,任何生面孔的出现都要受到注意和怀疑。这就是为什么伊波利特梅什金于 1875 年 7 月的营救活动,无论策划实施多么周密都会遭到失败的原因。营救车尔尼雪夫斯基的计划虽然一次又一次落空,但这位革命者的影响却一次次扩大。

和过去一样,车尔尼雪夫斯基仍然一如既往而孜孜不倦地写作。他经常通宵达旦地写,一到清早烧掉所写的东西。在维柳伊

斯克孤独而漫长的岁月里，他写了几十部长篇小说。可是完整保存了下来只有小说《霞光》《余晖》中的两部。他把所有写过的东西都化为灰烬，这是他担心突然搜查养成的习惯。

他也曾想通过正常途径把内容"无害"的作品寄到贝平熟悉的《欧洲通报》编辑部。但人家也是"吃一堑，长一智'，绝不冒险，《怎么办？》的覆辙早已让他们心有余悸——第三厅扣留了所有他企图寄出的作品——直到十月革命胜利之后，才在地下室里发现他这些作品。

1877 年，车尔尼雪夫斯基得知战友涅克拉索夫病危，震惊之余，他给表弟贝平写信：

"……你收到我的信时，如果涅克拉索夫还在，就请告诉他，说我热爱他，感激他……我确信，俄国将永远会记住这个伟大的诗人……"

车尔尼雪夫斯基总是那么牵挂别人，他自己不幸的遭遇，也牵动着战友们的心。不时有人为他筹款，策划解救他，进步分子不停呼吁，家属亲人不停奔走，一些报刊也为他鸣不平。但这一切都是徒劳。亚历山大二世把这个囚徒看成死敌，对车尔尼雪夫斯基绝对是铁石心肠。只有在 1881 年 3 月 1 日民意党人的一颗炸弹把他送入历史之后，车尔尼雪夫斯基的命运才可能会见到一缕阳光。

6. 辛酸的团聚

1883 年 5 月 27 日，蒙害怕革命党人在其加冕典礼期间"闹事"的新沙皇亚历山大三世的"恩准"，允许在"沿途不准人们向他欢呼"和"有警察的监视"的条件下，将车尔尼雪夫斯基迁移到俄国南方的阿斯特拉罕。

不过有关转移具体的细节和目的地，一直被命令是保密的。直到 3 个月之后，8 月末，才有两名宪兵带来转移的指令。虽然车尔尼雪夫斯基不知道具体的情况，但他似乎意识到他的生活将发生变化，一听就表示要尽快动身。原定在中午 12 点出发，但天刚破晓他们就已经上路了。

许多年过去了，从维柳伊斯克出去仍然没有车路，唯一的道路还是他被押解来时经过的那条羊肠小径。小路所经之地除了原始森林，就是可怕的沼泽地，……骑在马上，不时有迎面的树枝冷不防的抽过来，车尔尼雪夫斯基拒绝骑马，只好坐爬犁。

一到雅库茨克，车尔尼雪夫斯基被直接送到省长切尔尼亚耶夫的家中。这位过去曾经百般刁难车尔尼雪夫斯基的省长，现在竟对他关怀备至，显得殷勤好客。他连早餐都给车尔尼雪夫斯基考虑到了。到了要离开时，人家表示不让他在城里休息或上街买点东西，车尔尼雪夫斯基终于弄明白省长的真正用意。原来，他关心的是对押送重大"国事犯"一事的保密工作。车尔尼雪夫斯基登上马车时带着讥讽地说了一句：

"吃了省长一顿早饭，该转回去付他一个卢布……"

到了伊尔库茨克，当他得知要被转移到欧洲部分的城市阿斯特拉罕时，他难以抑制自己的喜悦心情，激动的眼泪都流了出来。他说他很快就会见到妻子，并和家人团聚了。

当晚，车尔尼雪夫斯基就乘坐四轮马车继续赶路了。这不是一般地赶路，而是在日夜兼程，飞着赶路。他用五天就走了 1000 俄里——从伊尔库茨克到克拉斯诺亚尔斯克足足有 1000 俄里。

经过两个月极端疲惫的旅行之后，10月22日深夜车尔尼雪夫斯基终于回到了故乡萨拉托夫城。他被获准可以短暂停留，还可以见见家人。为了防止萨拉托夫人欢迎这位乡亲和做出什么不恰当的同情举动，他被安置到宪兵上校的家里。当局考虑事情还是很细密的，看来在夜晚到达都是故意安排的。

家里人并不知道车尔尼雪夫斯基到达萨拉托夫的确切日期。奥莉佳十分焦急地等待着会面的通知。当她得知丈夫已从伊尔库茨克出发，正在奔向来萨拉托夫的途中时，立刻写信给他的亲戚说：

"我高兴得简直快要疯了，我都不知道自己该做什么了……现在更是如此！我多想快点飞到他身边……我眼泪总也止不住……眼睛模糊得什么也看不见。"

朝思暮想，盼望已久的时刻终于来临了。那天晚上大约六点钟，一个侍女来找奥莉佳，递给她一张条子。奥莉佳看过后非常激动地换了衣服，匆忙披上外套，穿上套鞋，很快地跟着侍女离开了……

那次会面太短暂了，只有两个小时。因为多年不见，两人都有些激动，甚至好长时间连话都说不出来。车尔尼雪夫斯基虽然经过了长途跋涉，却不显疲惫，他告诉妻子为了快点赶路，他把所有的东西都抛弃了，而奥莉佳，则表现了坚强，她平静地倾听丈夫的诉说，把一切都埋在心底。

当晚，车尔尼雪夫斯基又出发了。他和奥莉佳约好，让她第二天也到阿斯特拉罕。

10月27日早晨，车尔尼雪夫斯基来到伏尔加河右岸的哥萨克福尔波斯特镇，那是一个与阿斯特拉罕遥遥相望的小城。乘汽艇过河后，他被送到市中心广场附近的一家旅馆里。

阿斯特拉罕的警察局长已经写完汇报了：

"车尔尼雪夫斯基已于 10 月 27 日上午 10 时到达阿斯特拉罕城，警察所长及侦探巴卡诺夫已接受委派将监视他，以后还要定期向宪兵局长汇报情况……车尔尼雪夫斯基到达时，无人欢迎，也无任何游行示威活动发生。"

宪兵办完手续后便离去了。旅馆的房间里终于剩下他一个人。

稍事休息后，车尔尼雪夫斯基就走出旅馆直奔码头，他多么急切地想见到奥莉佳啊！等待的时间是漫长的，坐立不安的他几乎在码头上转了一整天。直到夜幕降临时分轮船才到达，从人群里，他一眼就认出了奥莉佳……

几天后，他们好容易在邮政大街找到了一套 3 室的住房。住宅陈设简陋：两把椅子，一张有点摇晃的桌子，一张沙发，加上床铺，此外别无他物。稍事安顿后，儿子便从彼得堡赶来了。1862 年车尔尼雪夫斯基被逮捕时，他们还是小孩，现在亚历山大已经 29 岁，米哈伊尔也已 25 岁。由于分别的年头太多，父子间似乎都有些生分了。父亲多么希望能够亲近他们，向他们讲述他离家 20 余年的辛酸经历。可是儿子都长大了，有了自己的生活，不可能在阿拉斯特罕呆太长的时间。

他们回彼得堡之后，悲伤的父亲给贝平写了封信说：

"我和我的孩子还很生疏，对他们了解得太少。我对他们陌生感一直存在。他们仅和我一起度过了 8 天，时间这么短，他们又不闲着。特别是米沙，一天难得有几分钟空闲和我交流。来时很生疏，走时也还是那样！"

最让人感动的，是这许多年的磨难丝毫没有损毁车尔尼雪夫斯基崇高的自豪感和强烈的人格尊严。现在他最操心的事，听起来很让人心酸，他时刻不忘想去偿还向亲友借的债。他也念念不忘地感谢那些在他流放期间帮助了他妻儿的人。他还想还"公家"的债。尽管他们在阿斯特拉罕生活的初期很艰难，他仍然请省长告诉他，他总共"欠"了国库多少钱。

现在，他觉得有希望了，就决定要全部完成这些心愿。

7. 英雄迟暮

尽管多年的流放生活摧毁了车尔尼雪夫斯基原本健康的身体，可是他的工作热情仍然不减当年：他能静心地工作，直到肚子辘辘叫也不休息……他说，令人疲惫不堪的，不是从西伯利亚到阿斯特拉罕那段遥远而艰难的路程，而是无法忍受的没有工作的生活。

在维柳伊斯克期间写成并销毁了的中、长篇小说，内容还非常完整地保留在他脑子里，现在可以毫不费劲地口授出来。他希望在贝平的帮助下，能在《欧洲通报》上发表这些作品。

车尔尼雪夫斯基还拟订了一个内容更加庞大的计划。除了重写那些被销毁小说，他还想编一部俄国优秀中篇小说集和一部诗集。在学术上，他也想有所作为。可是当局继续剥夺他从事写作的权利。没有当局的许可，有谁敢发表他的作品呢？结果原来在计划中排不上号的翻译工作竟成了他维持家计的唯一手段。为了生计，他还得为翻译那些在他看来几乎没什么价值的书而花费精力。虽然自己满腹经纶，却不得不为丑妇作嫁衣裳。羞愤之余，他只好以不在书上署名为安慰。

不但他的署名权至死都未得到解决，贫困也经常困扰着这位伟大的作家。最令他苦恼的是警察时刻盯梢，他和外界的一切联系都在严密的监视下。为了更有效地监控车尔尼雪夫斯基，当局还强迫他拍照，还把这些照片分发到阿斯特拉罕及各县警察局。

到阿斯特拉罕一个半月以后，12月的一天，英国《每日新闻》报的一名记者专程到来采访他。不过那次采访的文章并没有反映出这个革命者的真正精神面貌。因为车尔尼雪夫斯基清楚地知道，每句错话都会使他受到新的迫害。可以想象，车尔尼雪夫斯基在同他谈话时会有多么谨慎。

不久，车尔尼雪夫斯基从西伯利亚被转移到阿斯特拉罕的消息，也在首都青年学生当中流传开来了。

1884年1月12日这天是莫斯科大学建校纪念日，一群大学生给远在阿斯特拉罕的车尔尼雪夫斯基拍了一封电报：

为大学生的挚友干杯。——莫斯科大学生。

警察局竟想查明到底是谁发的电报，但最终是无果而终。

车尔尼雪夫斯基在这个陌生的城市里根本谈不上安居。长子亚历山大的精神病给家庭造成巨大的悲剧。奥莉佳由于多年的艰难生活，健康状况也不佳，经常外出求医，不时还得去照顾大儿子。一家人就这样聚少离多，车尔尼雪夫斯基总是一个人居住。

他有时也感到孤独。"我好像是生活在孤岛上一样，虽然有'星期五'陪伴我，我也不缺少友谊的温情和欢乐。但这些人能给予我的，就好似星期五能给鲁滨逊的一样单调——我们一起谈鱼的价格，谈从波斯运来多少棉花和水果……"

车尔尼雪夫斯基一直难忘他的写作生涯，他时常想起那些文坛往事，想起他那些已经去世了的朋友和战友。正是那些峥嵘岁月，造就了他的辉煌和荣耀，也带给他痛苦，他知道自己创造了什么，他不后悔往事。他仍想拿起笔，但是他为不知道自己的作品能否发表而苦恼。来到阿斯特拉罕半年后，他试图解开这个谜。1884 年 3 月 29 日，他给贝平写了如下一封信：

> "请给销路最广的报纸编辑部发去以下消息：
> '我听说车尔尼雪夫斯基已经准备出版自己的文集'
> ……
> 请不要去评价我的请求是否明智。帮个忙吧！"

他知道他的信件要受到警察局的拆阅和检查，因此用了这种独特的方式来检验一下当局的态度。果然，信发出不久，出版总署就发出公函，让有关单位封杀那条消息。一年之后，通过一位朋友，车尔尼雪夫斯基才了解到他从事文学活动的条件——先审查和用笔名——沙皇政府想用这种方法消除"危险"作家的影响。

1885 年，经过朋友扎哈林的周旋，图书出版商索尔达琼科夫委托车尔尼雪夫斯基翻译韦伯著的 11 卷本《世界史》。有了这项工作，车尔尼雪夫斯基可以好几年不用再找别的工作了，这也缓解了他的经济困境。

尽管多年的流放生活使得车尔尼雪夫斯基的健康受到损害，可是他干起活来，其精力仍不减当年。为了更好地完成这部译作，他聘请了年轻人费奥多罗夫做秘书，有时还开玩笑地称后者为

"打字机"。

老牛自知夕阳晚，不用扬鞭自奋蹄。车尔尼雪夫斯基开始勤奋的工作，他每天早晨 7 点起床，连喝茶时都看校样或原著，接着就是一连 5 个小时不停地口授译文。他念得流畅而轻松，就像在读俄文书。午饭后浏览报刊，下午 3 点他继续翻译，常常工作到下半夜……

实际上，车尔尼雪夫斯基翻译这部洋洋巨著，是有一定考虑的——除了挣钱谋生，他还有自己的想法。同以前一样，他绝不甘心仅仅作为文学订货的机械执行者。他想出了一个办法——利用韦伯的名字作为幌子，暗中表达自己的思想。因为他被剥夺了发表作品的署名权。只有这样做才能间接地表达自己的思想。他通过对原文删节和剪裁来清除书中的"废话"和反动观点。如果意犹未尽，他还在某些章节的前面附上一篇专为该卷而写的引文。

他的最后几篇论文就是这样产生的，收集起来总的题目叫做《世界史若干问题的科学概念论文集》。经历了漫长的苦役和流放生活，他终于又找到了新的战斗方式，又开始以手中的笔作为批判的武器和形形色色的反动学说进行战斗了。

8. 叶落归根

车尔尼雪夫斯基在阿斯特拉罕度过了 5 年多没有自由的生活。这段时间里，家人一直在为把他转移到莫斯科或彼得堡而积极奔走，他们的请求一直没有结果。因为当局就是不批准。直到 1889 年 7 月，他才被准许迁回萨拉托夫。

回故乡前不久，车尔尼雪夫斯基和他的出版人潘捷列耶夫交

谈时说：

"对于我来说，萨拉托夫和阿斯特拉罕完全一样。不过对奥莉佳来说则不然，她喜欢萨拉托夫，我倒很想着莫斯科，因为那里有大图书馆，别的我都不在乎。"

当获准的消息传来时，只有车尔尼雪夫斯基一个人在阿斯特拉罕。两个儿子在彼得堡，奥莉佳客居在萨拉托夫亲戚家，他在房东、秘书和女佣人的帮助下，先把行李用船托运走，然后本人于 6 月 24 日在一名警官的护送下启程。同他结下了深情厚谊的秘书也欣然同意同去萨拉托夫的建议。

从车尔尼雪夫斯基最后一次回乡探亲算起，时光已经过去整整 28 个年头了。28 年里，这个城市好多方面都有了巨大变化。在他的少年时代，萨拉托夫的商业很不发达，现在，伏尔加河岸各个轮船公司的码头鳞次栉比了。过去杂草丛生的地方已经开辟了街道，好多已经铺上石板。城区有了铁轨马车，铁路已将萨拉托夫和彼得堡连接了起来。

但是，城郊那些小房子依然破烂，和他童年看到的没有什么两样。农奴制已经废除将近 30 年了，可是劳动人民的悲惨境况却根本没有多大的改变。

流放只是摧残了车尔尼雪夫斯基的健康，却丝毫没有削弱他的聪明才智和精神素质。他一再表示自己对在《现代人》上发表过的文章无怨无悔。烈士暮年，壮心不已。直到生命最后一息，他最后的志向和抱负依然是能够重新登上文坛。他甚至愿意迁居国外，好承担《钟声》报的出版工作。然而，即使他不过早地去世，他的心愿注定也是要落空的。

尽管健康状态每况愈下，车尔尼雪夫斯基还和以往一样全力工作。好像知道自己剩下的时间不多了，他的思想经常把他带回到 60 年代充满暴风雨和享有荣誉的岁月里。他深切缅怀《现代人》编辑部并肩工作的战友涅克拉索夫和杜勃罗留波夫。他坚信他们将在俄国文学史上占有重要地位，所以他想把自己知道的有关战友的全部情况写出来传给子孙后代。

但是，他的庞大写作计划永远也不会实现了。在去邮局的路上，他得了感冒，病情迅速恶化，并伴有严重的并发症。1889 年 10 月 29 日（俄历 17 日）深夜，因突发脑溢血，车尔尼雪夫斯基走完了他那光辉而坎坷的人生旅程。

如一片饱经沧桑的黄叶，终于飘落到了故乡的土地上。在故乡萨拉托夫，车尔尼雪夫斯基只生活了 4 个月。

车尔尼雪夫斯基逝世的噩耗，很快传遍了整个俄国。尽管宪兵采取了防范措施，唁电和唁函还是如雪片般从各地传到萨拉托夫，对他表示深切的哀悼。数千人为他送殡，灵柩上覆盖着各城市敬献的鲜花和花圈。他的葬礼也变成了大规模的游行示威活动。

"争取祖国永恒的而不是一瞬的光荣，争取人类的幸福——还有什么更崇高和更令人渴望的呢?"

车尔尼雪夫斯基在很年轻时就这样写到。后来的实践证明，他的确用自己的行动做到了。

一个伟大革命者停止了呼吸，而他的影响，却将长久地继续下去……